ファッションの楽しさは
自問自答を繰り返し、
生々しくさらけ出す事。

どれだけ無垢で
いられるか。
それが人生の課題。

本気は何より強い。

古着のおもしろさは、全て製造年月日が違うところ。

1980年のものと2005年のものを

一緒に並べられるところに深さがあります。

年齢や性別や国籍がばらばらなわけです。

袖や衿の形、身頃のフォルム、その時代の発色や素材

変わったデザインの服じゃなくても、

シンプルなシャツでも随分雰囲気は異なります。

そしてそれをどう感じ、料理するかは個人のさじ加減

個人のさじ加減が個性です。

つまり、服と向き合うというのは、

実際は服の事を考えるのではなく、

服を通して自分の個性と向き合うということ。

意外と攻撃的だったり、保守的だったり。

時期が変わるとまた服も変わる。

服を知る事で自分を知る。

古着は、あなたの奥底の感性と、対話する。

Hel

全国にいる普通ではもの足りない
人達へ届くように。
ちょっと周りから浮いてるかな、
と思っていても大丈夫。
仲間は思ってるより沢山います。

ファッションは
もっとわがままであるべき。
人の顔色を気にする事なく
何かの役割を演じるのではなく、
ただ自分を楽しませるため
だけであってもいい。
まわりと違って当たり前。

ファッションは本来衝動的で挑発的で
人それぞれが持つ本能のようなものだ
と思います。めんどうでも一生付き合
っていくような本能。そして本能を研
ぎ澄まし察知出来るのは生き物の力。
人間の力。

いつまでも
緊張感を持って
仕事を出来るのは
とても幸せな事。

テーマを掲げる事で自由になる。
矛盾しているかもしれないけど、
そういう事なのかもしれない。

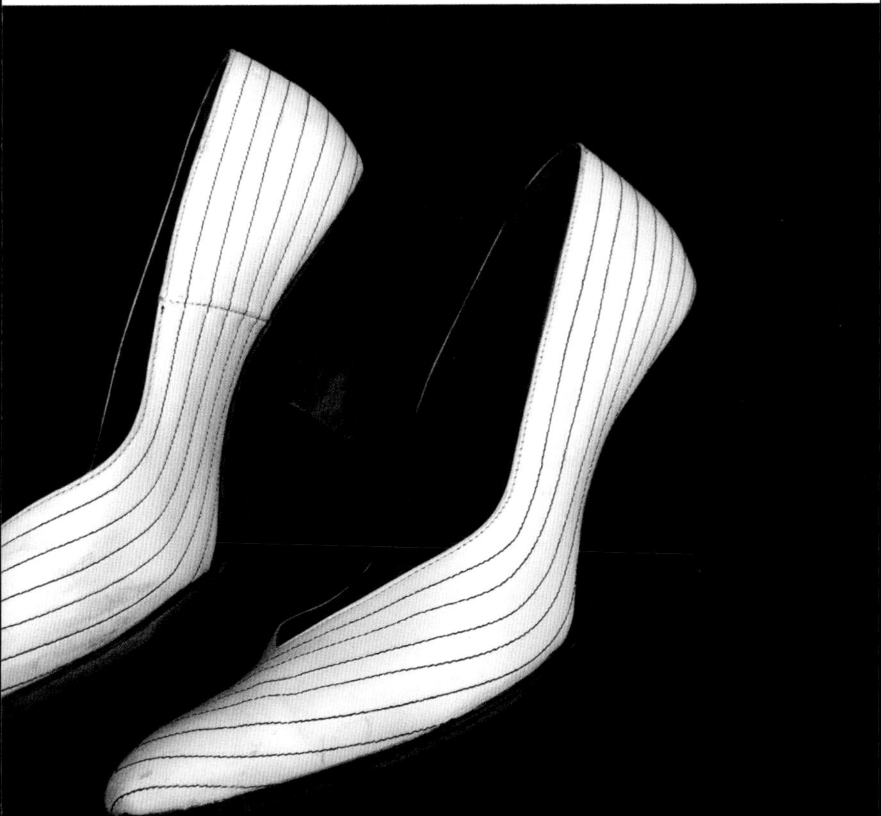

NO

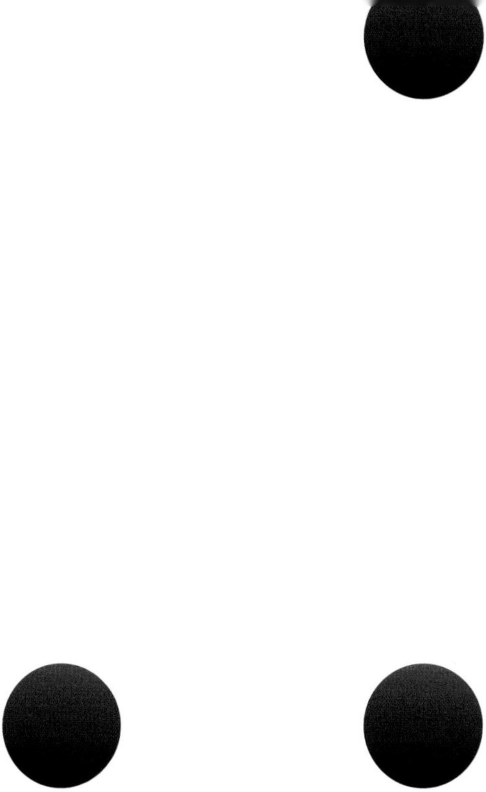

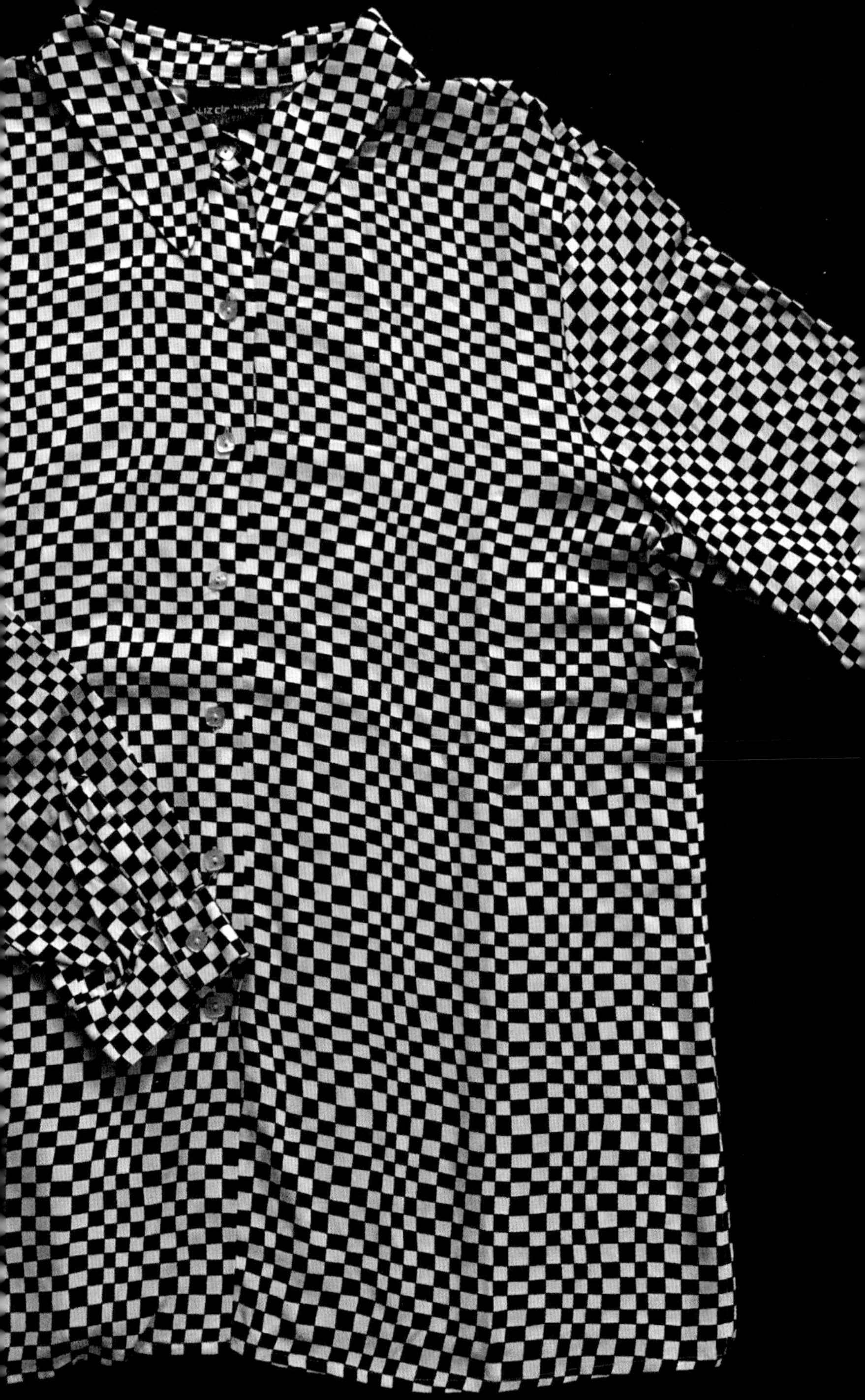

ずっとやり続けてる事を
まだまだやなぁって
思えるのは楽しい。

今までしていた事を
今までのように継続していくには、
今まで以上の体力が必要。
「する」と「続ける」は
全く違う事。

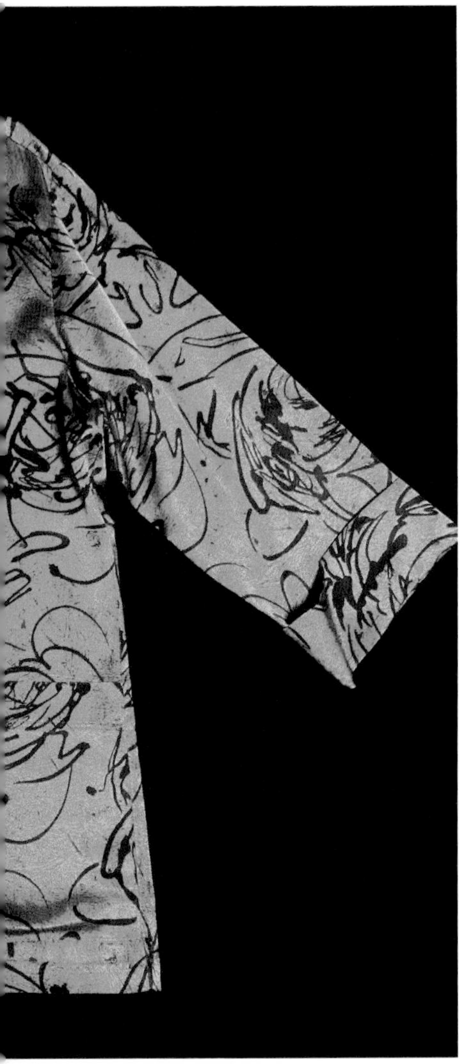

継続する秘訣はやめない事。

何かを変える時はやっ
30年続けていようがそ

ぱり恐い。
れはそう。

全ての事柄において
継続できる根源は
“思い”
というシンプルでかつ
見えにくいもの。

何か新しいものが加わったとしても
今までのものが無くなるわけではない。
そこが今の面白さ。
編集の醍醐味。

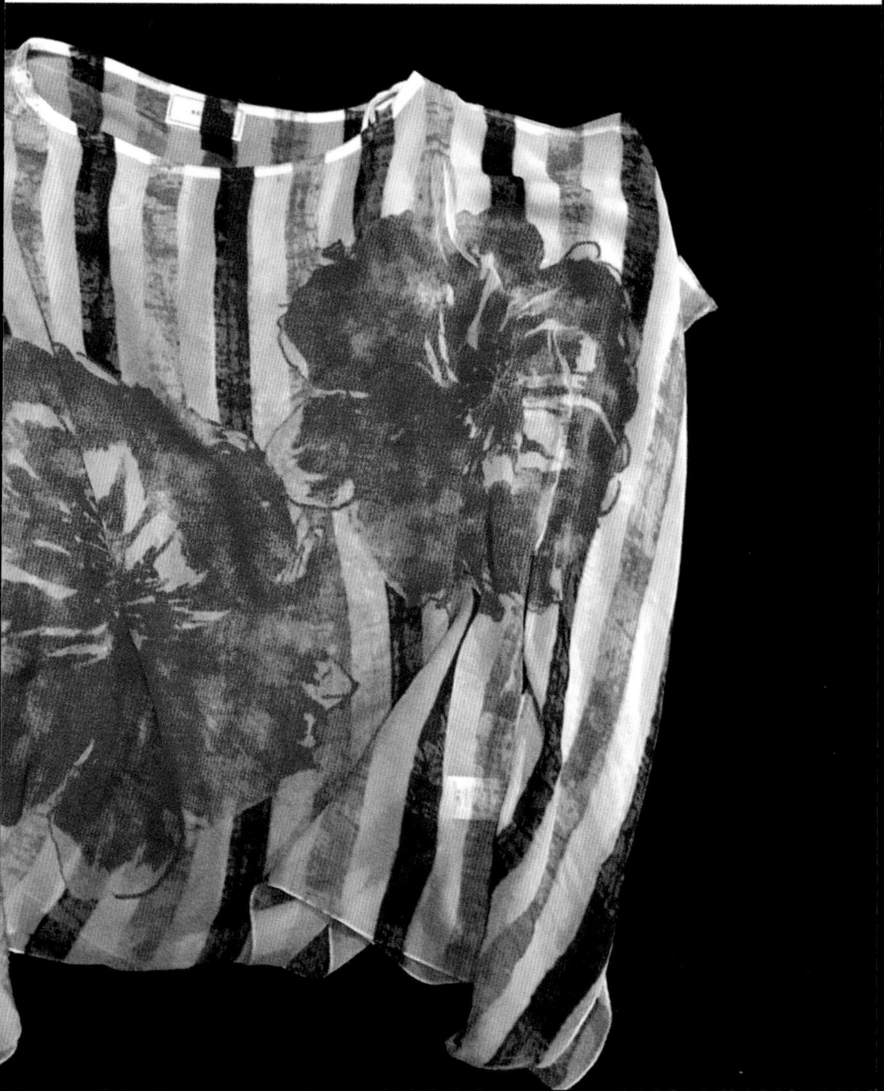

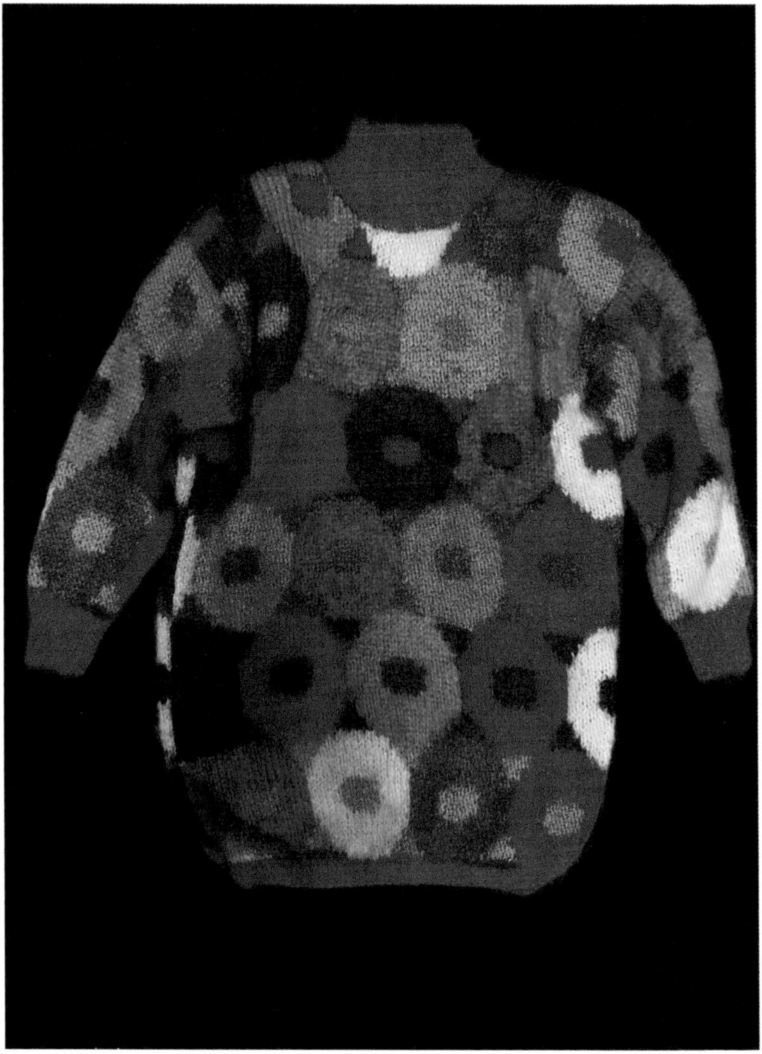

変わっていく事こそが、
変わらずにいる事。
楽しみましょ。

自分が
当たり前にしている事こそ
人から見ると特別な事。

本当に自分を信じて続けて
見てくれてる人はいるんだ
自分を信じるというのは
自分を疑い続ける事でもあ

来たら
な、と実感した。

る。

自分だけの価値感やセンス、
オリジナリティを確立させるには、
常に自問自答し、理由を考え続ける。
他の誰とも違うそれを貫くために
一番重要なものは孤独に耐えられる精神力。
寂しさから目先の安易な共感に惑わされると
軸はぶれ続ける。
耐えて耐えてそれでも続けることが出来た人には
真の理解者が次々現れる。
何故ならその人達もそうして来たから。

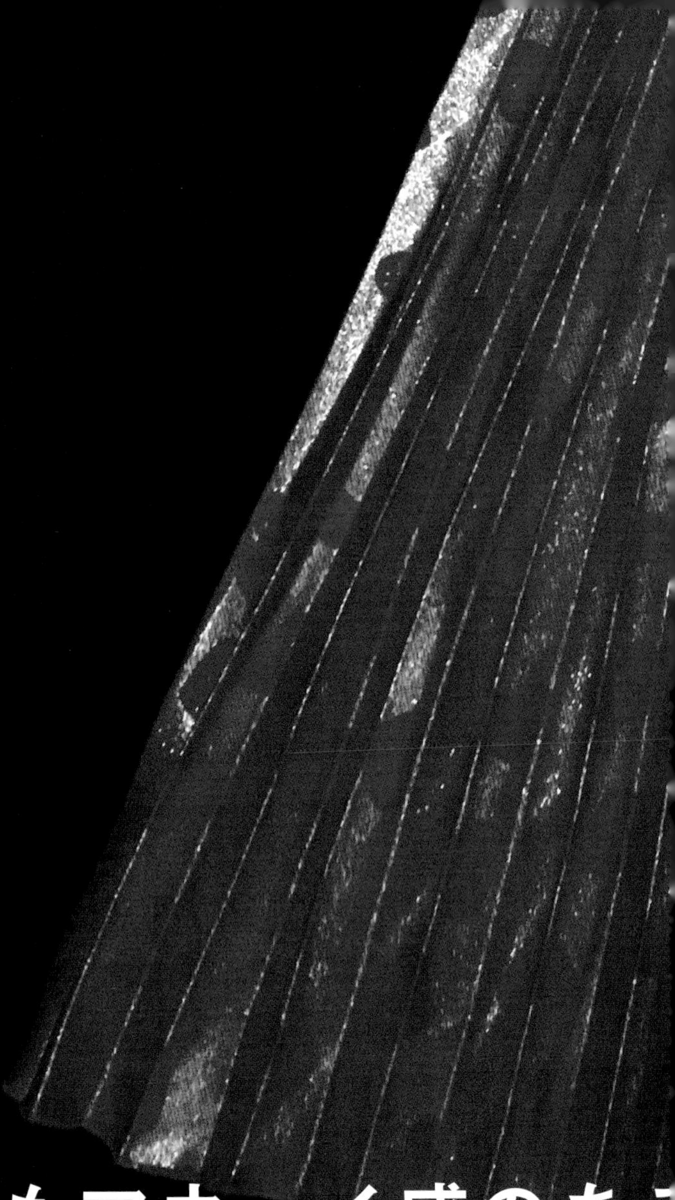

いつもアウェイ感のある
必ず繋がる。

人の引きは本当に強い。

何が売れてるとか
誰が何を着てるとか関係ない。
自分のひらめきに素直。
思うがままの感性は最強だ。

一般的に服は季節によって随分縛られている。
提供する側も常に季節によるマーケティングを意識する。
そこを飛び越えたらもっと自由なのに。
いつ着たらいいかわからないような素材の服や、
振り切ったデザインの服やアクセサリー等。
服は服を超えたらどれだけ可能性があるか。
人の気持ちは思ったより多様だ。

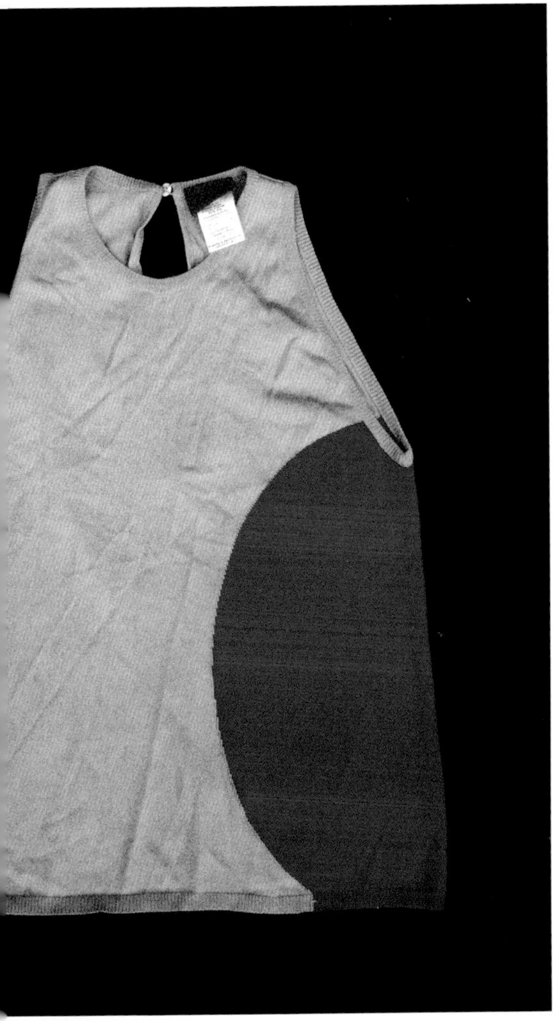

自分がお手本。

本来個性とは滲み出てしまうもの。
まねしようにもまねできない部分。
他人から見た変なところがいちばんその人の核なんです。

「主役級の服ですよ」とか言ったりするけれども、

主役なんて交代するんですよ。

並び替えることによって主役は変わるっていうところは、

服のすごく魅力的なところ。

「年齢関係ないよ」とか「ジャンルとかじゃないよ」って

服に対して言ってることは、人に対しても一緒だと思う。

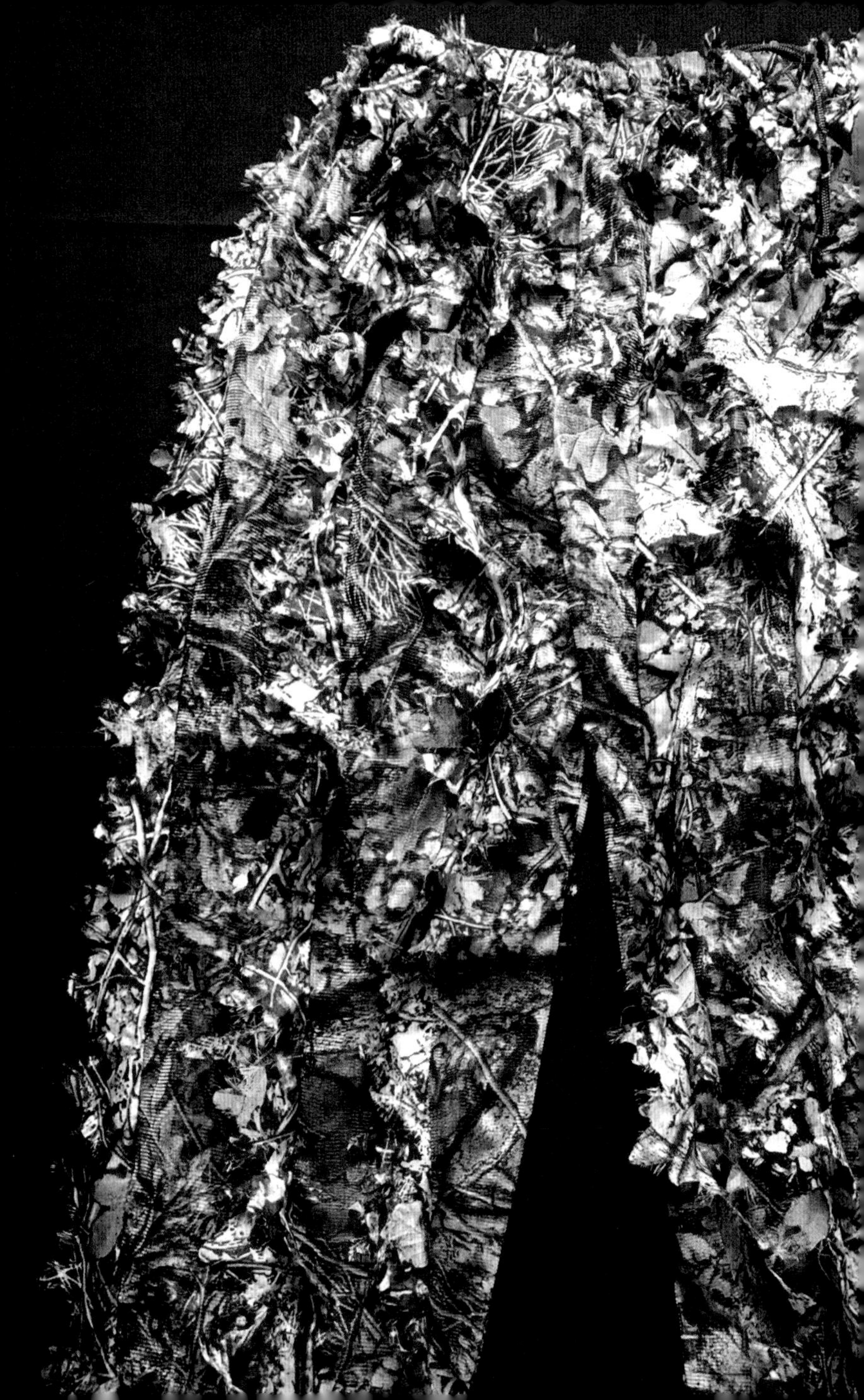

人から見たら
価値がないと思われるような事を
淡々とやり続けることが創造力。
なかなか理解されない事こそが
やり甲斐のあること。

新しいものではなく、

新しく見ること、

新しいと感じる事が大切。

ものの見方は自分次第で

いくらでも新しい。

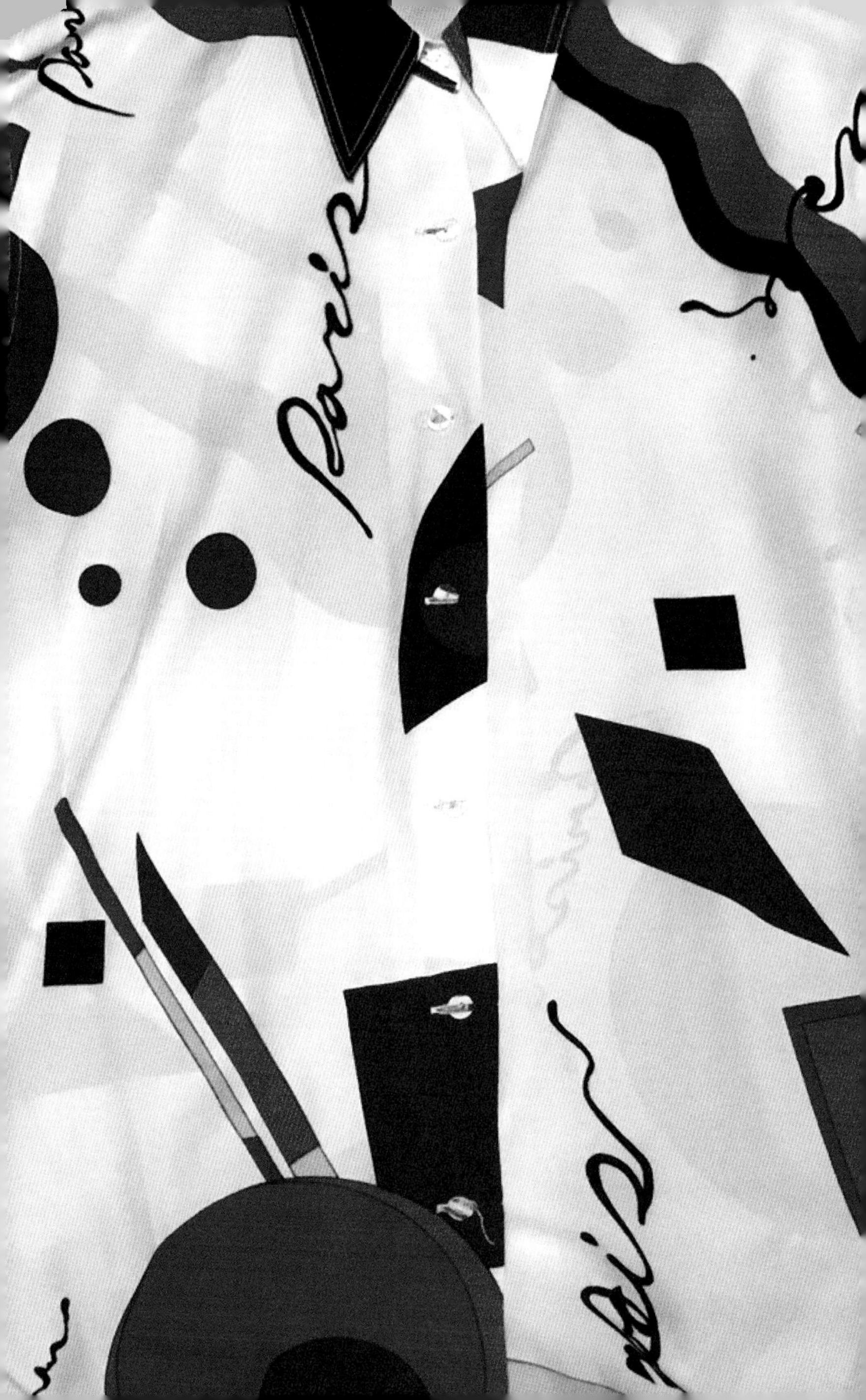
Paris

必ず誰にも得意な事があって、
それは自然に出来てしまう事で、
そこをやり続けて自信がつくと
少し不得意な事も努力しようかと思う。
それでいいんだと思う。

周りを気にして行動か
無駄なものはない。

不自由になる事ほど

魅力的なのは自立した変態。

深く考えない方がいい、だとか、
そんな事考えたことなかっただとか、
思考を口にすると、向けられるフレーズ。
考えない方がいい事など何も無い。

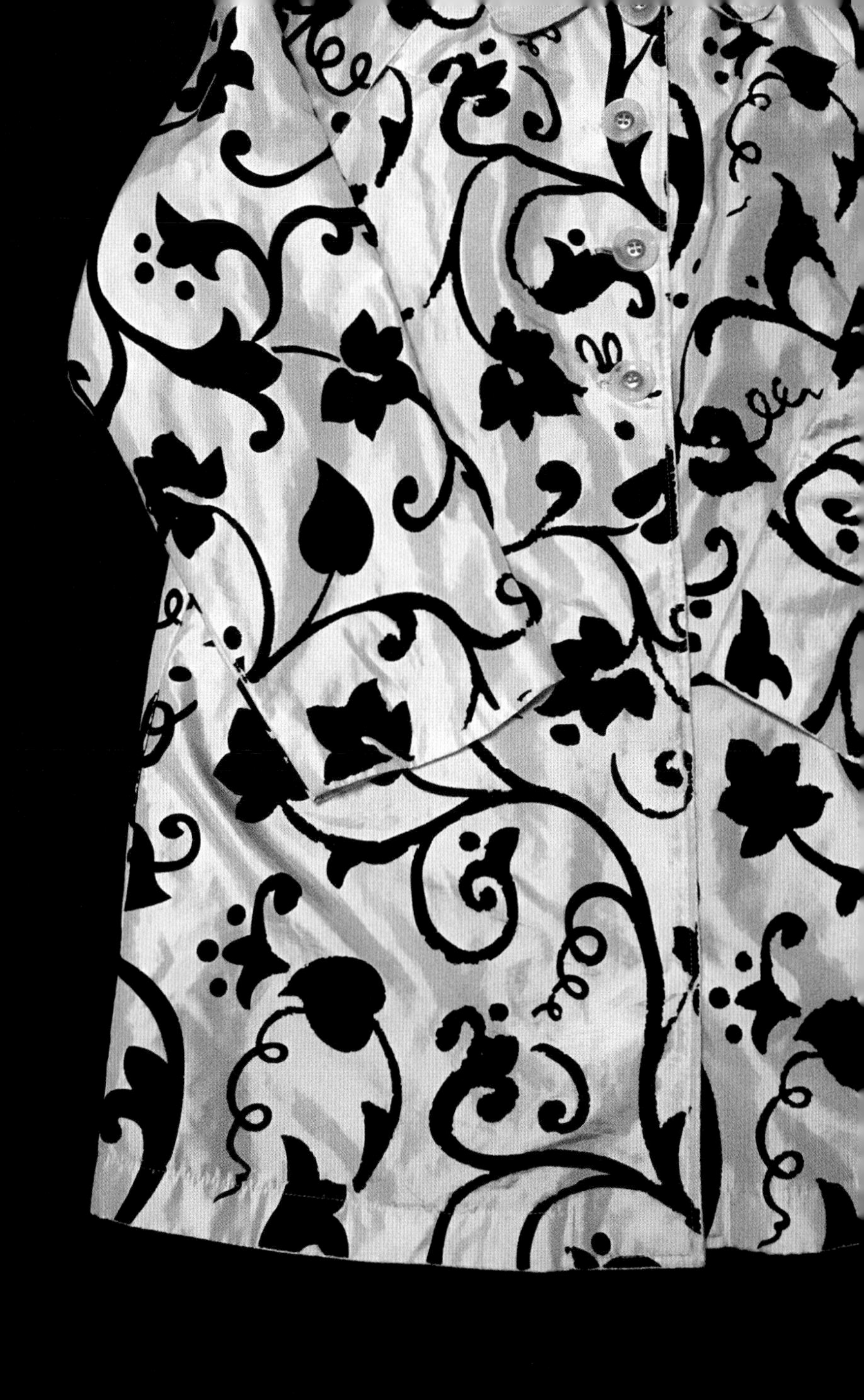

批判する側ではなく、される側でいたい。
批判されるというのは、新しい事をしてる証。
どんなにしんどくても、
まわりと違ってても攻め続けよう。

一人一人が理由を持ち何かを選ぶ事
外枠やジャンルを飛び越え、新たな
攻めの姿勢で行きましょう。

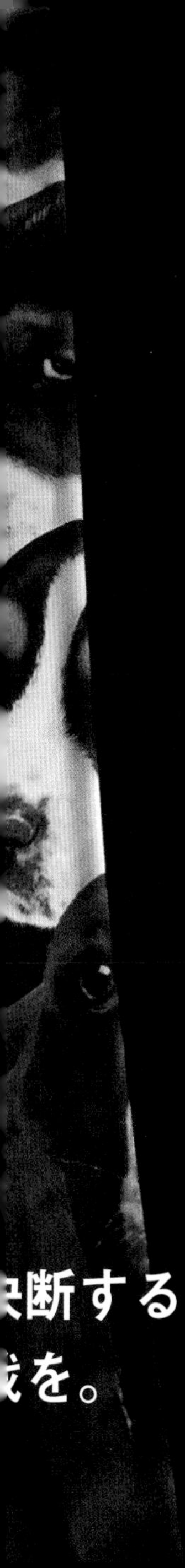

断する事がますます大事な時代です。
を。

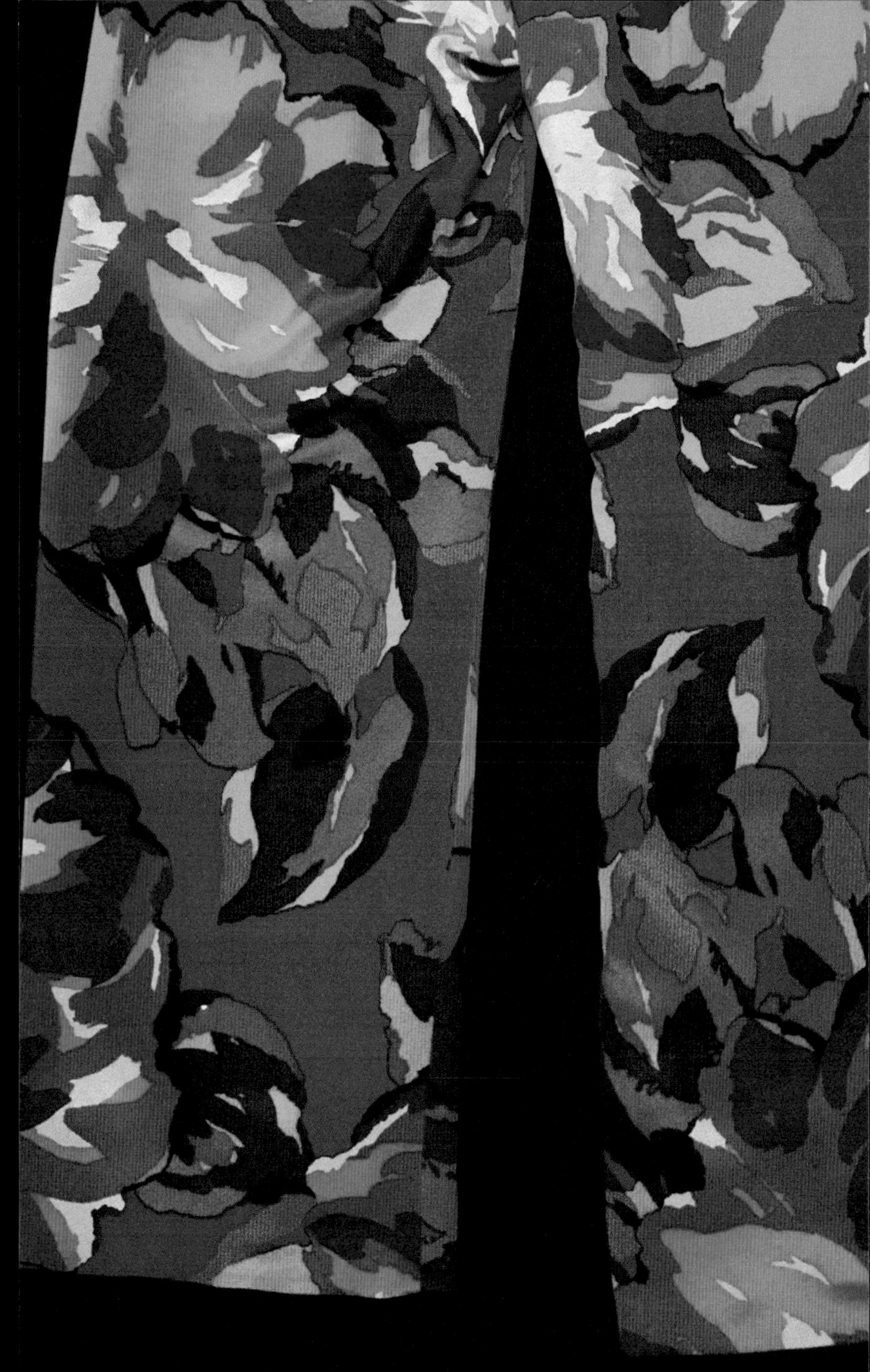

ジェンダーフリーでエイジレス。
ファッションにどうしてもつきまとう
ジャンルやカテゴリーを軽く飛び越え、
突撃の価値観で品格のある遊び心と
アート心を刺激します。

自分含め、日々

の記憶に残る事。

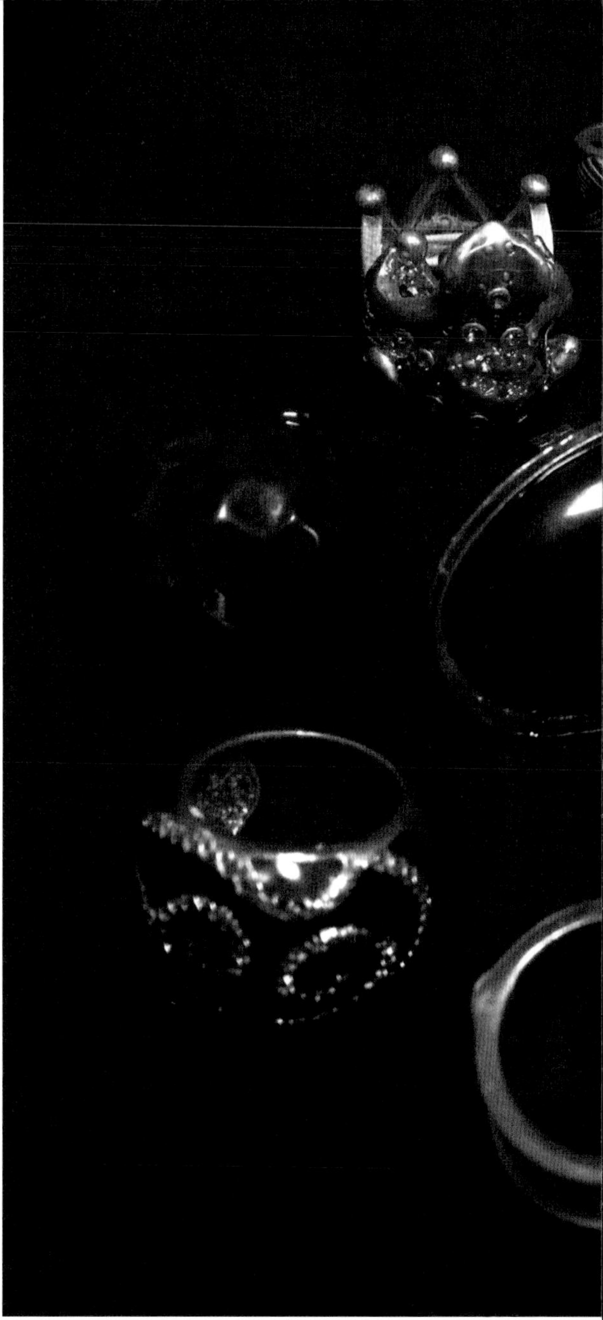

アクセサリーは直感的。美術館で

の絵が好きって思う感覚に似てる。

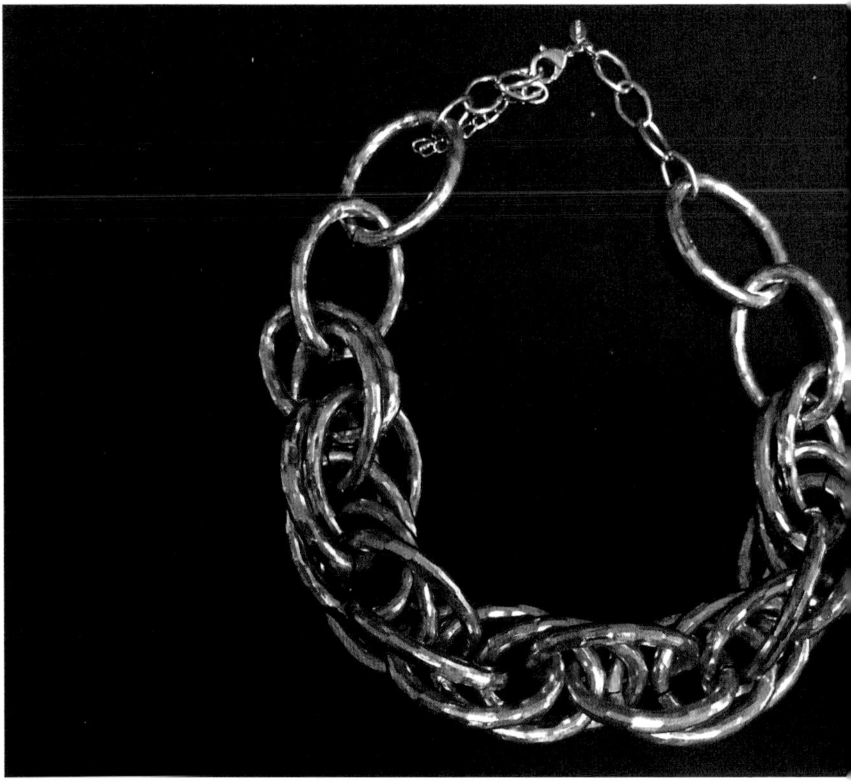

アクセサリーの不必要な必要性

予期せぬ自己との出会い。

てもその煩わしさがいい
首、手首、指を意識せざるを得ない。
動きを制限される事での新しい立ち振る舞い。
全く違う素材を合わせる事で生まれる誇示。
不自由が生み出す自由はとても美しい。

なぜアクセサリーが必要か？
ニットにひっかかり、
肩がこり、

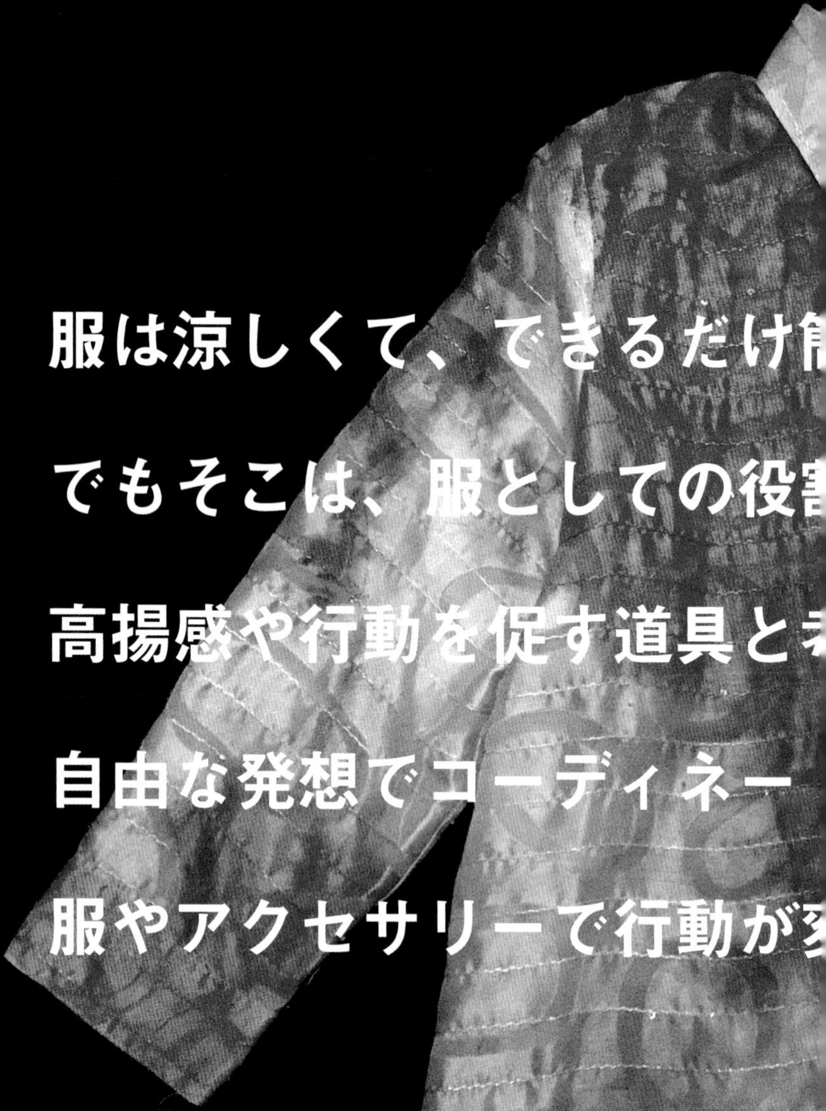

服は涼しくて、できるだけ

でもそこは、服としての役

高揚感や行動を促す道具と

自由な発想でコーディネー

服やアクセサリーで行動が

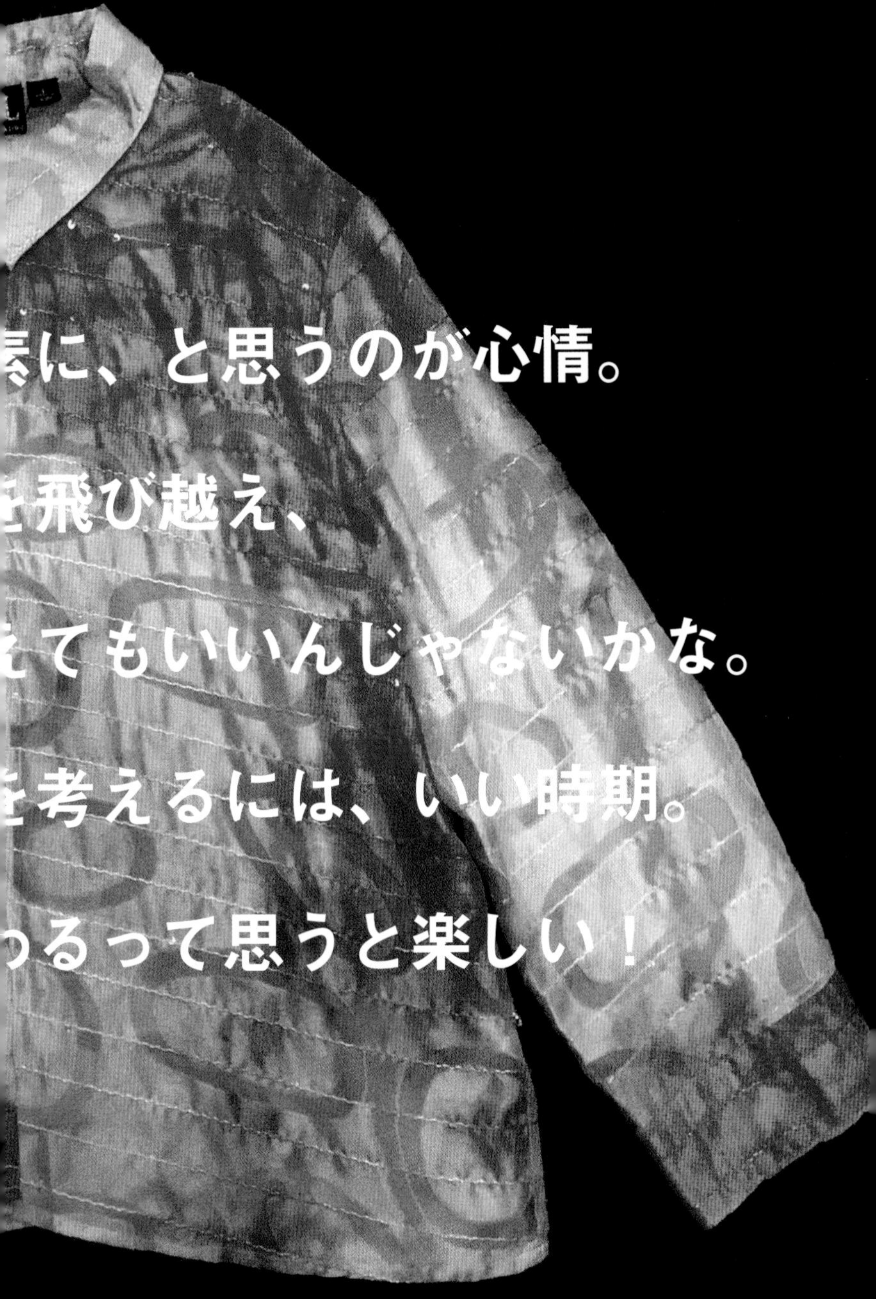

に、と思うのが心情。

を飛び越え、

てもいいんじゃないかな。

を考えるには、いい時期。

るって思うと楽しい！

色柄からの発想は果てしなく楽しい。
服は着る着ないだけではなく、
見て何かを感じる、
ちょうど意外なアートに出会った時の
奥底の潜在感覚が目覚めるようなものであってもいい。
だからメンズやレディースといった性別は関係ないのです。

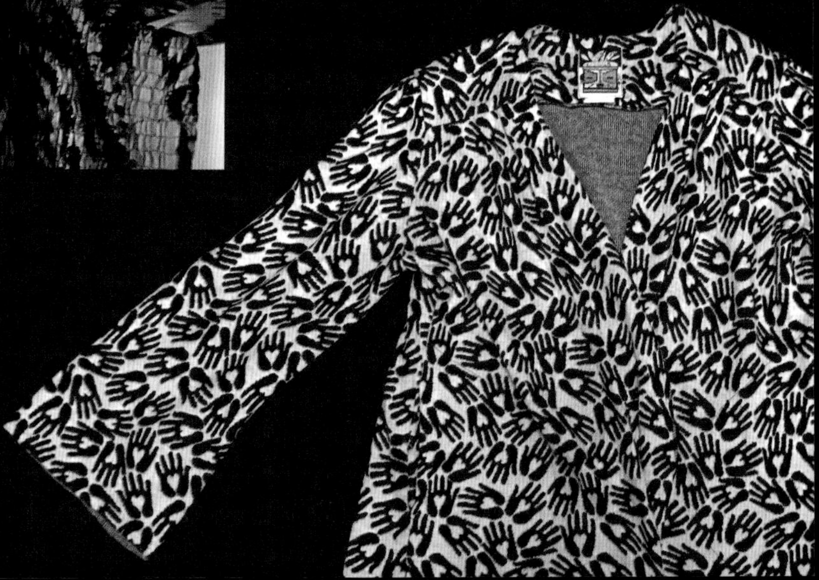

誰が着ても同じようになる服とは違う。
だからこそ、考え決めていく当たり前の行為の高揚感が凄い。

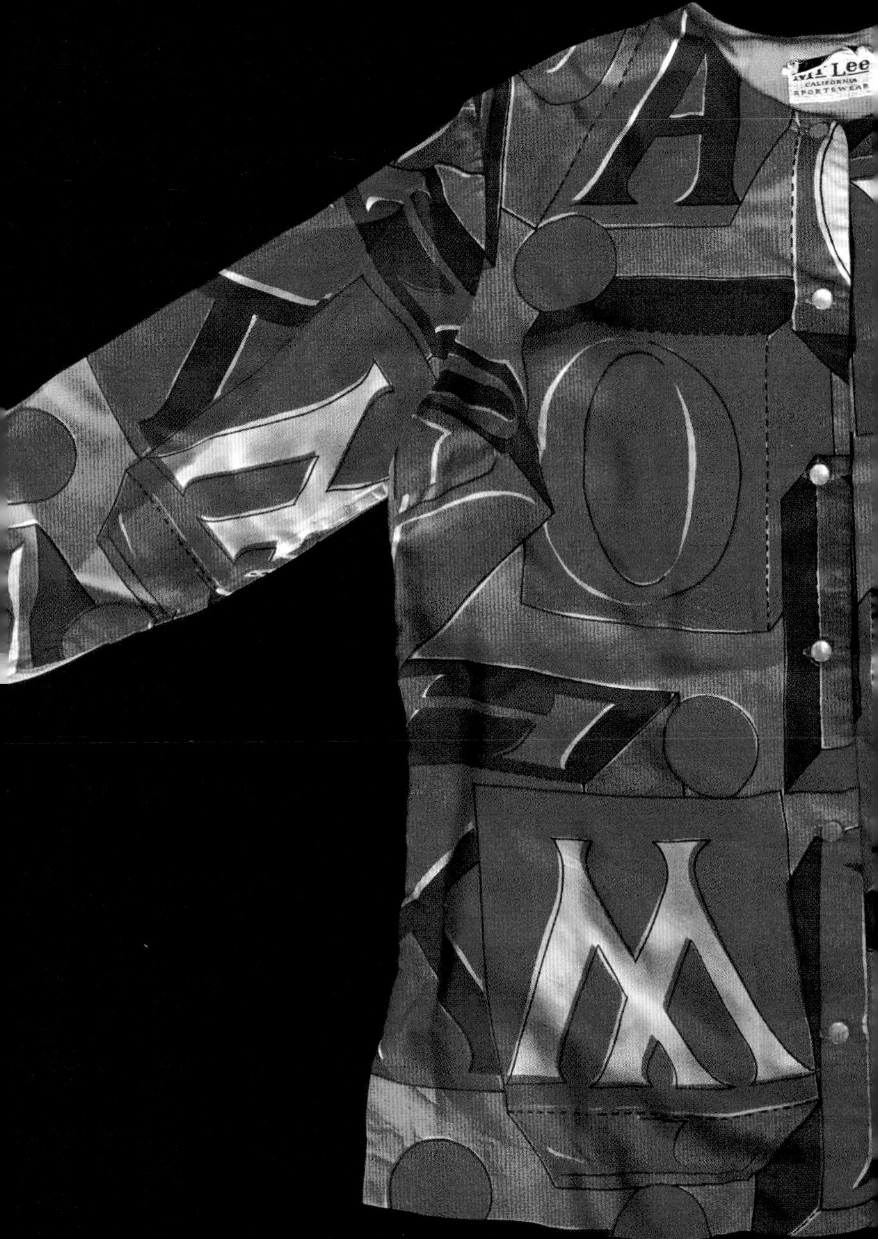
Mr Lee
CALIFORNIA
SPORTSWEAR

おもしろい服がいい。

おもしろいに理由はいらない。

着るだけで
行動が変わりそうでしょ？

地味ではなく、
あからさまに自己主張もせず、
抑制された感情のような服は魅力的。

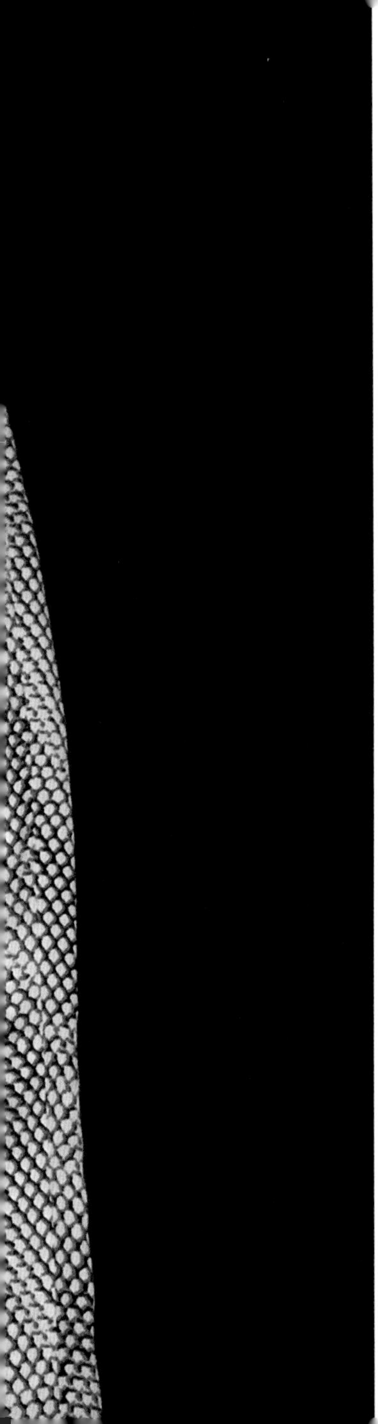

男性に透ける服を着せる事で
もっと奥にある男っぽさを引き出したり、
女性は色気の奥の強さを見せたり。
服の意外性は真を引き出すと思うのです。

REPETITION PROPAGATION METASTASIS

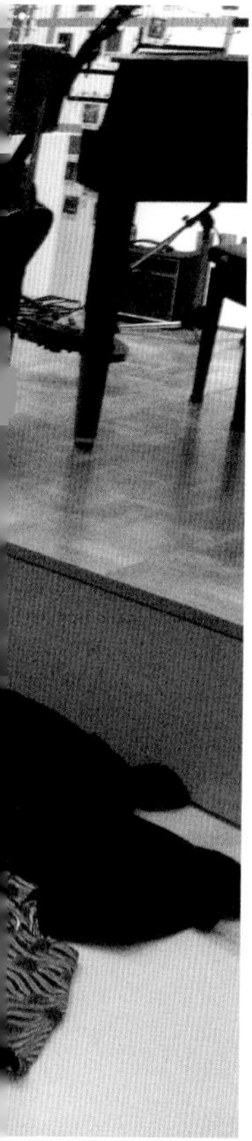

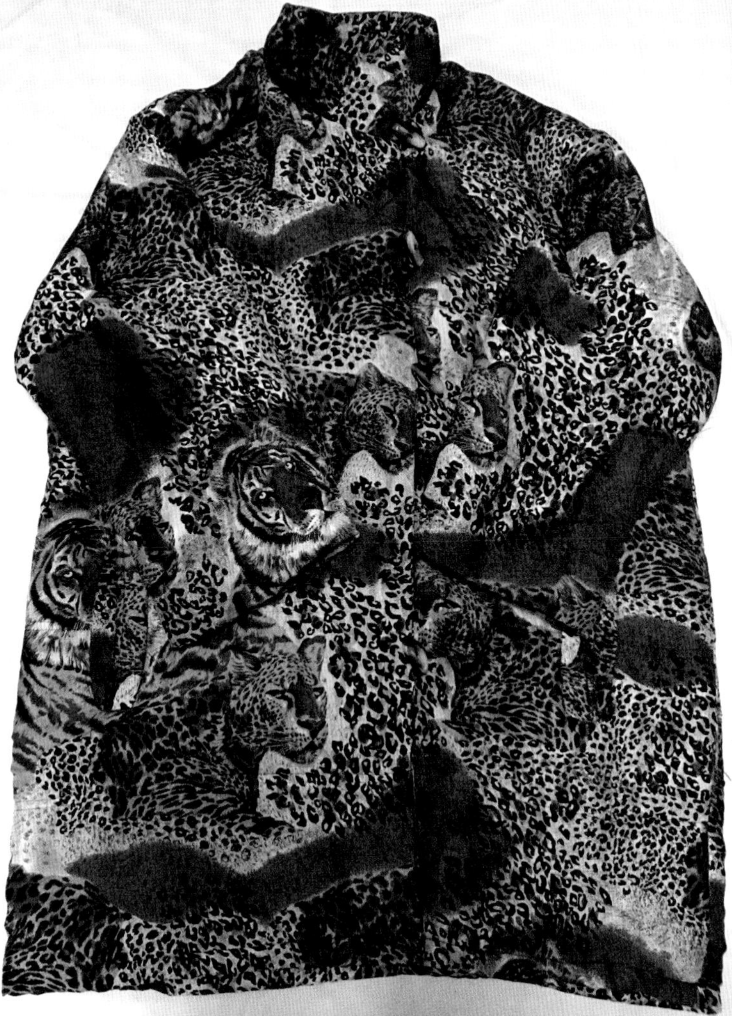

シャツといってもそれぞれ全く異なる個性。
それぞれの色気。
着てみなくてはわからない自分との親和性。

パッチワークとは正に多様性。
ぶつかり合いながら融合していく。

「店内見て3周目から可愛いものが見えてくる」

「服屋って感じでもないんですよね、芸術？」

「疲れたら感性を確認しに来る。」

どれも幸せを感じるお客さんからの言葉。

古着は積極的スイッチが入るみたい。

嬉しかったのが、

「最近ちゃんと服買ってなくて、

久しぶりにかっこいい服を買えました。」

「自分って気がする。　またおしゃれします。」

って20代後半の方が興奮して言ってくれたこと。

いけない女のベスト10は

今でもかっこよく美しい方ばかり、

やっぱり少し悪の方が生命力強いね。

本音で生きよう、って車内吊り。
まず何が本音なのかがわからない人が多いのだと思う。
本音は風潮に合わせるものでも反発するものでもない。
人それぞれだということ。

店を作るとき、収まりすぎない
ということを考えます。
ものが生きてるかどうかは
置き方並べ方にかかってる。
物の配置もインテリアになってしまうと
埋没し、見えて来なくなる。
空間に似合いすぎる事はじつはよくない。
だから違和感を出す事で予定調和をさける。
そうすると、
奥に潜んだ“かっこいい”が出てきます。
服の構成も同じで、何をどう置くか、
隣りに並べるもので、
見え方は全く違うものになり、
別の顔が出てくる。
そして見え方が変わると
気分も変わり挑戦心が顔を出す。
それを繰り返すと更新に繋がり、
服はもっと楽しくなると思うのです。

何もかも整然と種類別に解りやすくしすぎ。
これでは選ぶ力や思考は育たないだろう。
規格外ほどいつも新しいのに。

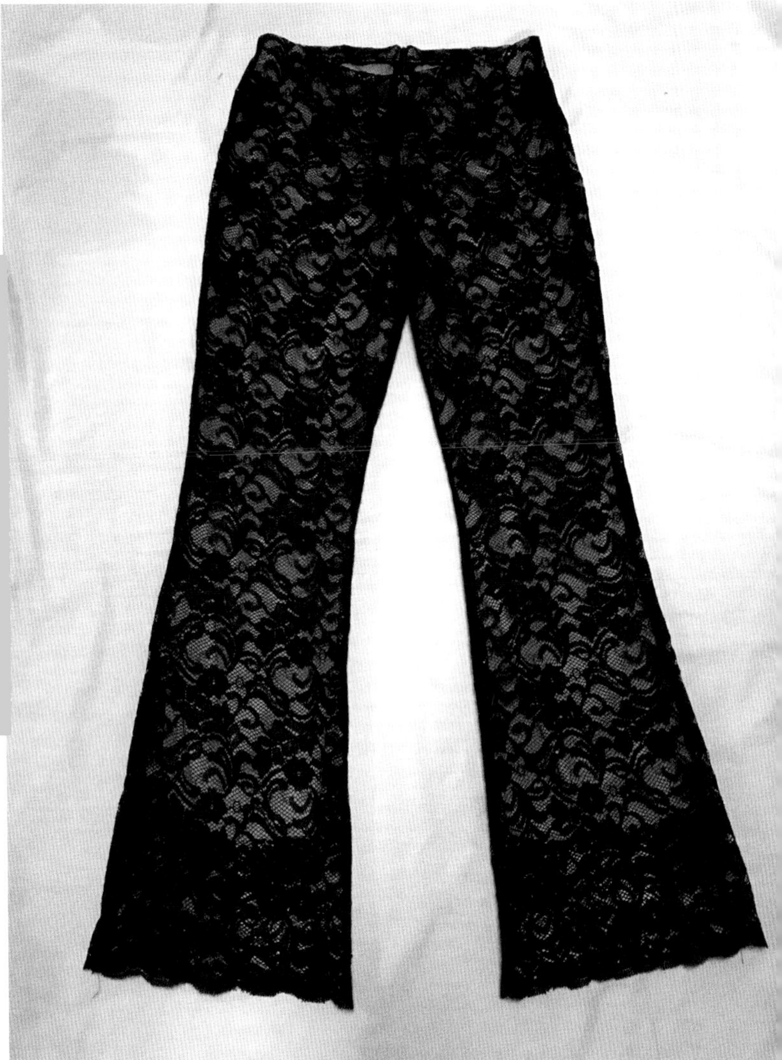

個人はカテゴライズされないし、
家にある服はジャンルじゃない。

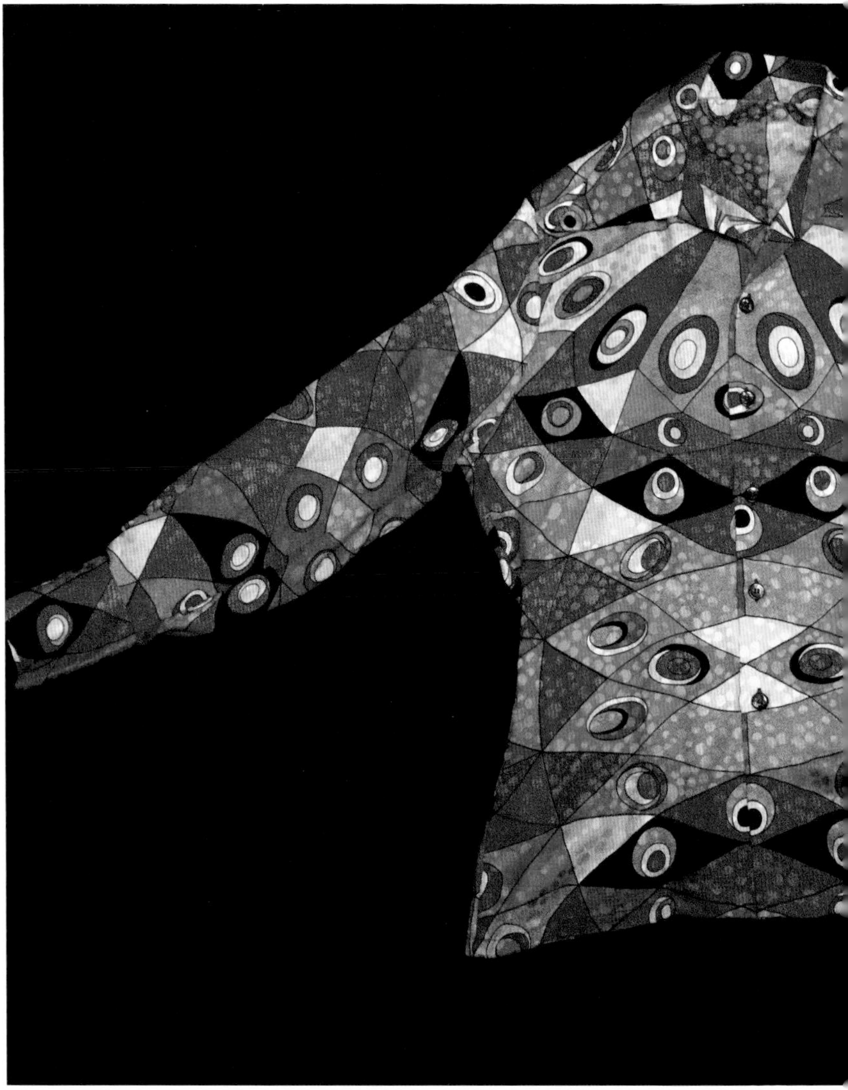

ジャンルやカテゴリーに属するのではなく、
ただそのものである事。
その人である事。

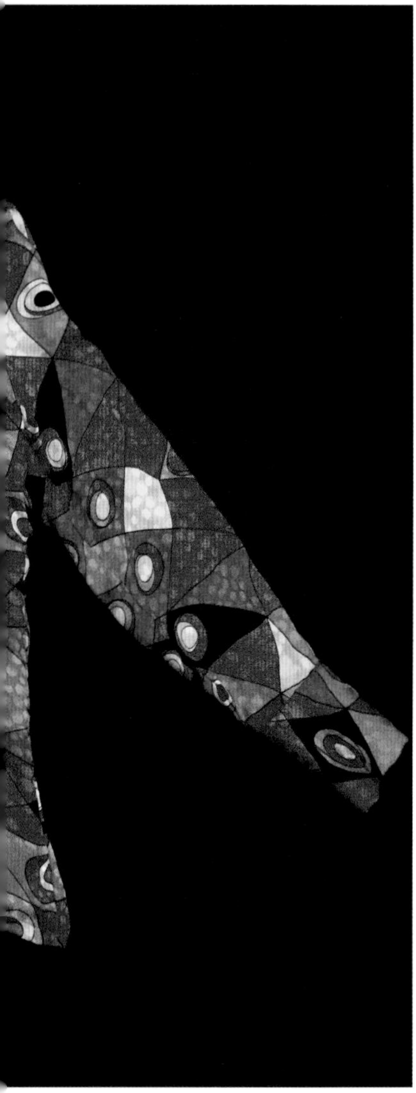

すぐカテゴライズしたがるのは
知らないものが恐いから。
見たことがないものを
受け入れる強さがあれば
カテゴライズしなくなる。

ファッションの同質化は
思想の同質化に繋がる。

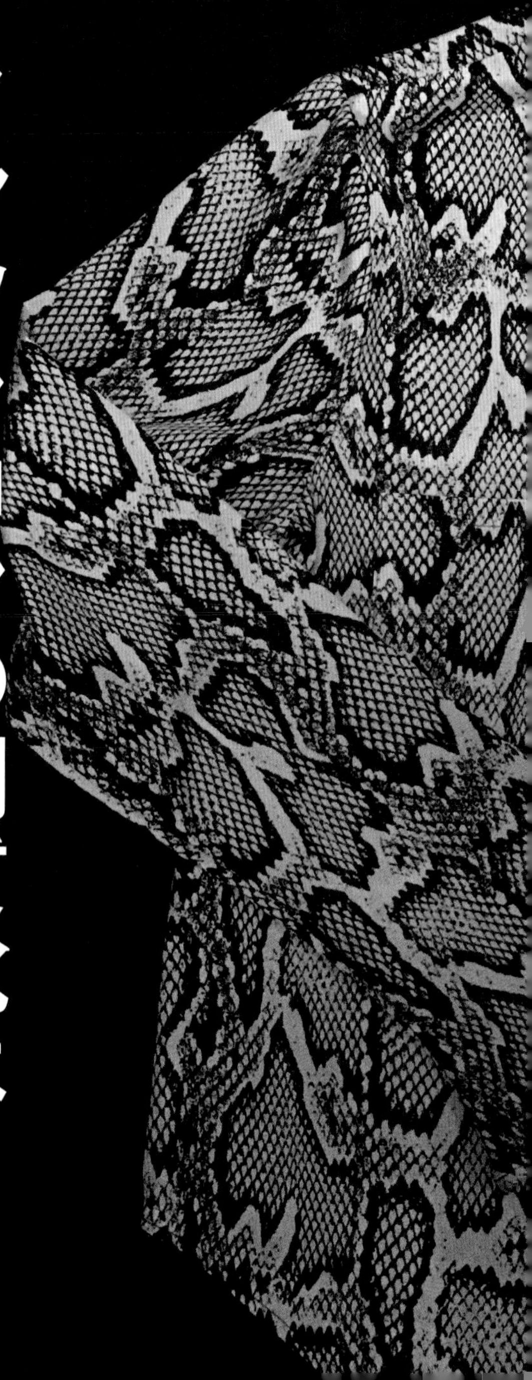

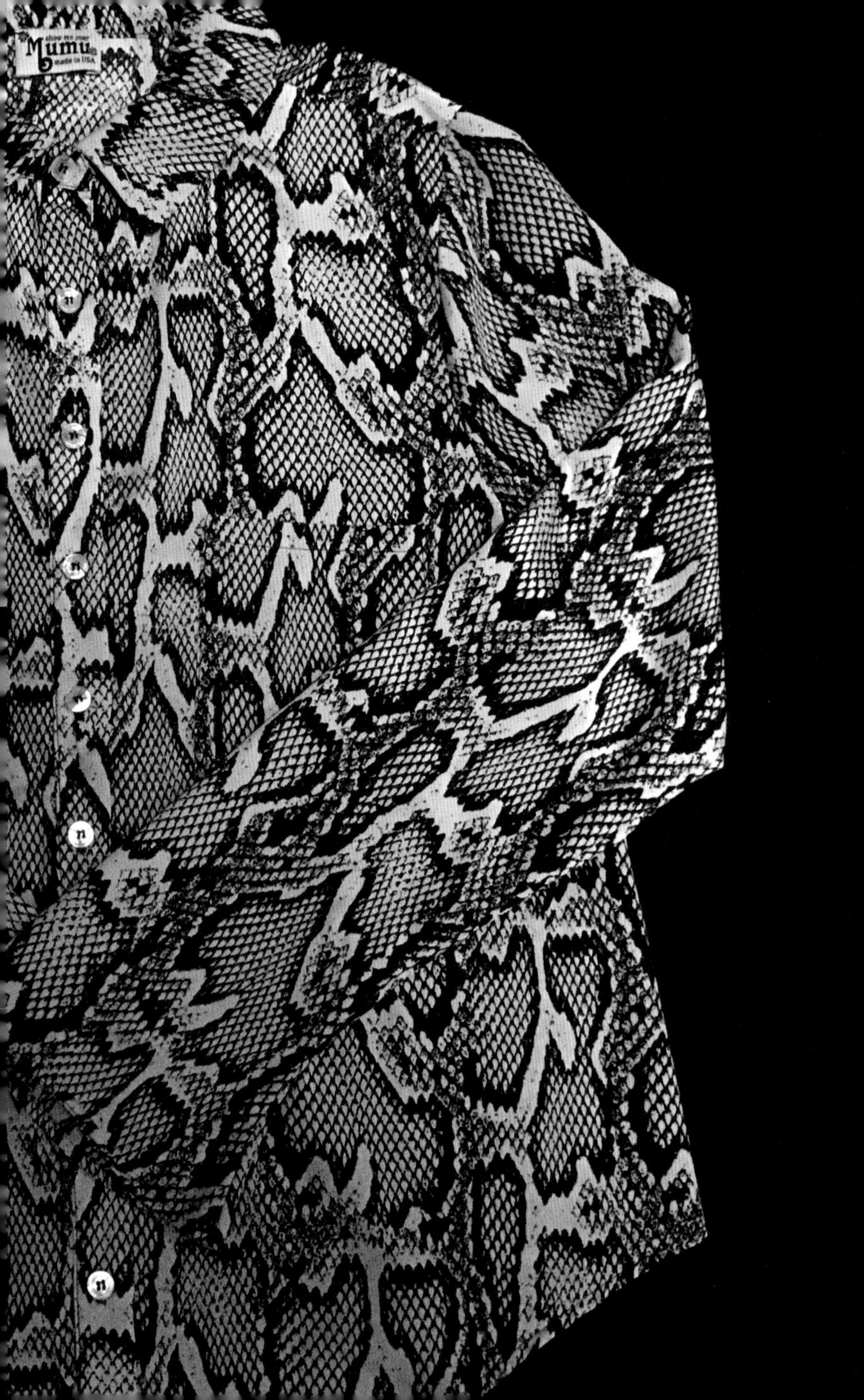
show me your
Mumu
made in USA

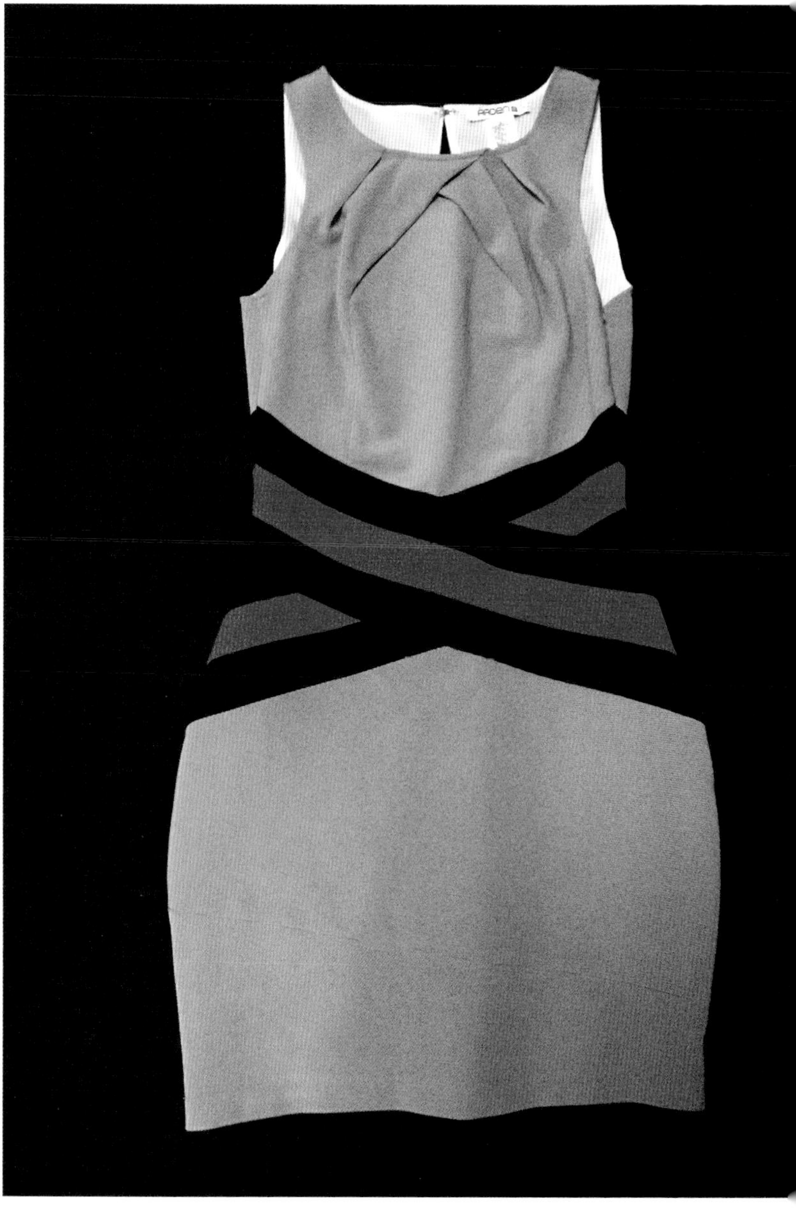

遊び心は全てを前向きに変える。

GILDAN
MIAUK.COM

何でもふた通りぐらいで決めすぎ。
結婚してるかしてないか。
離婚してるかしてないか。
恋人がいるかいないか。

正しいとか正しくないとかではなく、
人それぞれがおもしろくて、
愛おしいと感じる事を
形にしていきたいと思います。

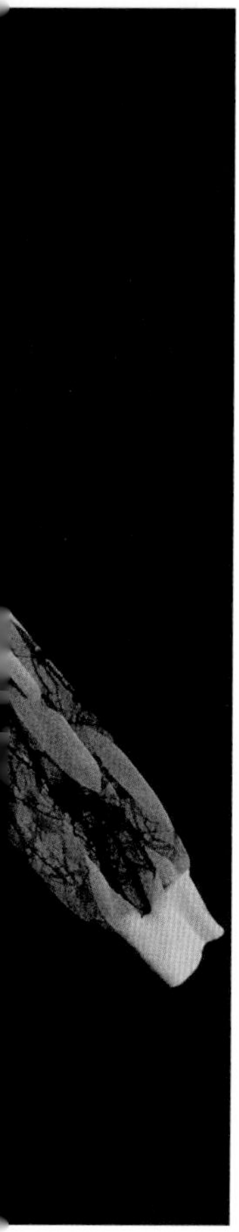

ちょっと女性とか男性とか、
いや、個人とか、父とか母とか妻とか夫とか…
いろんなことを考えていく時かな？
ってすごい最近思っていて。

女性ならでは、という言葉が昔から嫌
いまだに、よく気がつくとか情報収集
男性のサポートしてほしい部分限定で
でもあえて、女性ならではと言うなら
発想力という方向に転換してほしい。
頭の中の引き出しを大小種類関係なく
感情を加味した生っぽいひらめきは
これから全ての分野においてもっと不

いだ。
能力とか
使われてる事が多いからだ。
発想力をあげたい。

開けっ放しにでき、

可欠になる。

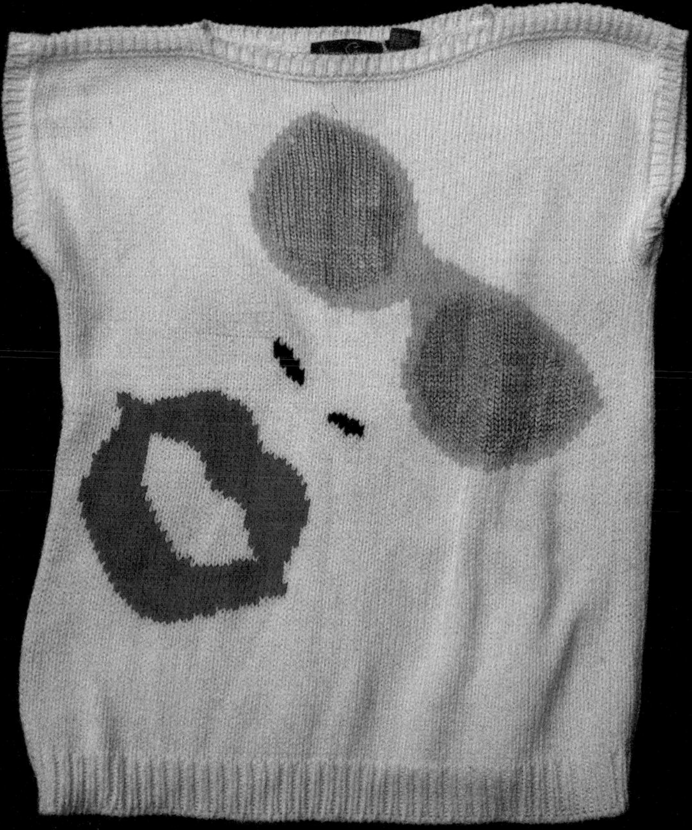

役割の前に個であり女性であり、
形にはめられ強いられた個の力が
うねりとなり大きな渦になっていくような気がする。

小学生の下校時、女子のランドセルは紫や茶色や、

随分色が豊富でむしろ赤が少数派になりつつあるのに

男子は黒派が圧倒的。

暖色系が好きな男子も居るんだと思うけど。

ランドセルじゃなくなると随分変わるんだろうな。

色によるジェンダーは何歳から植え付けられるのかな？

色々あって本音が言えるようになる。
だから本音を言えてる人は色々あった人。

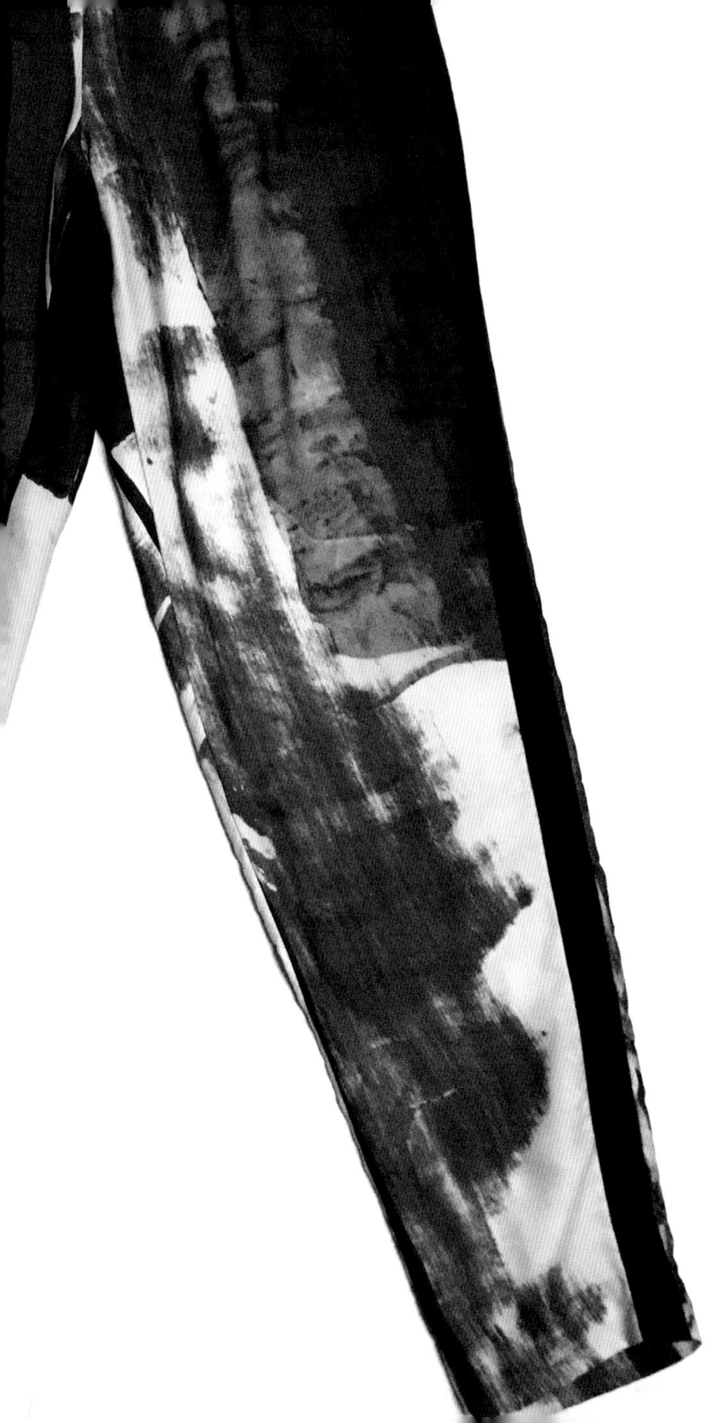

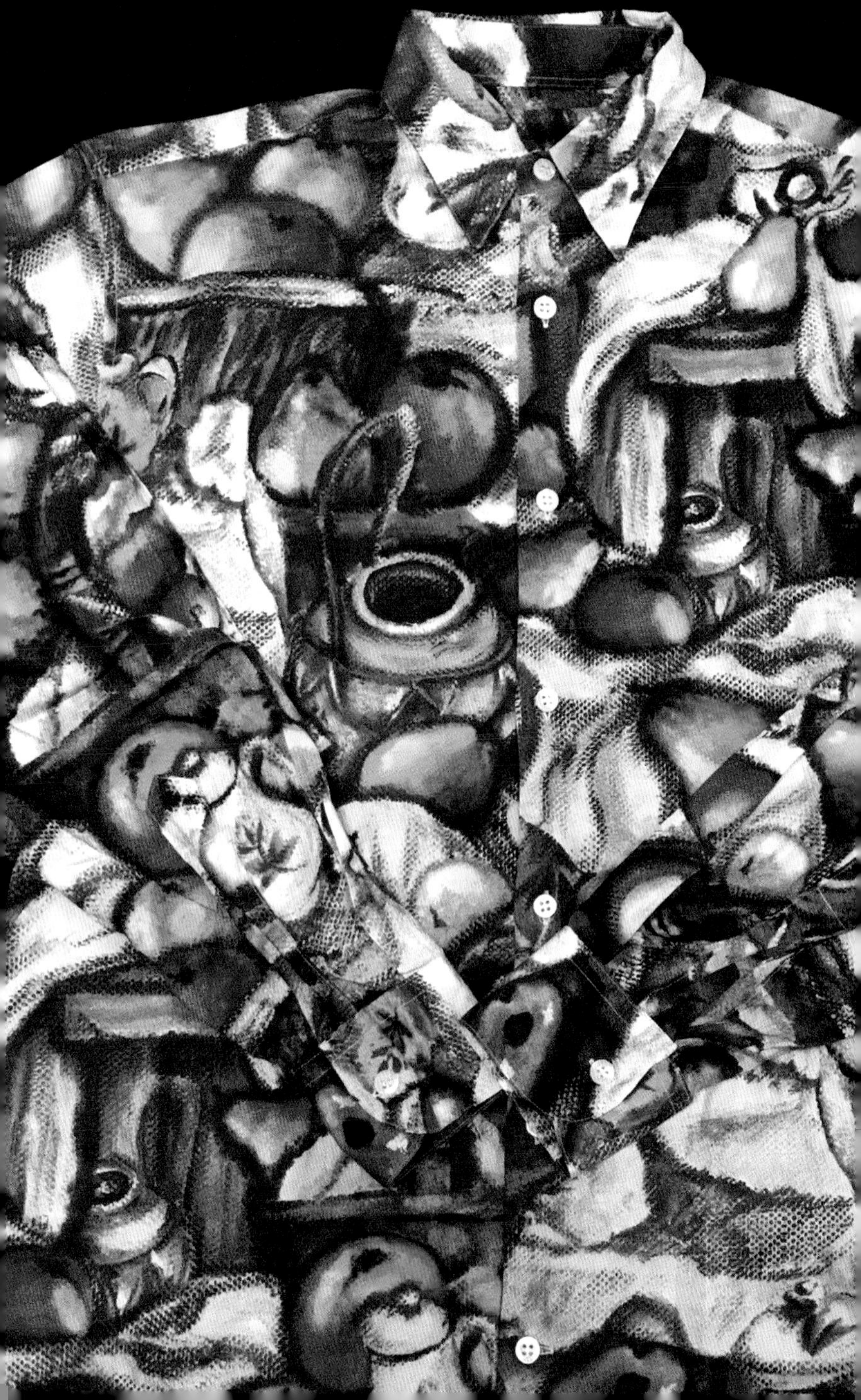

病院は行くだけで
力を吸いとられるので
思いっきり明るい色の服で
行って跳ね返そう。

予定外のアートを買ってしまうような、
ひらめきによる引きが強かった感触。

U+HAUL

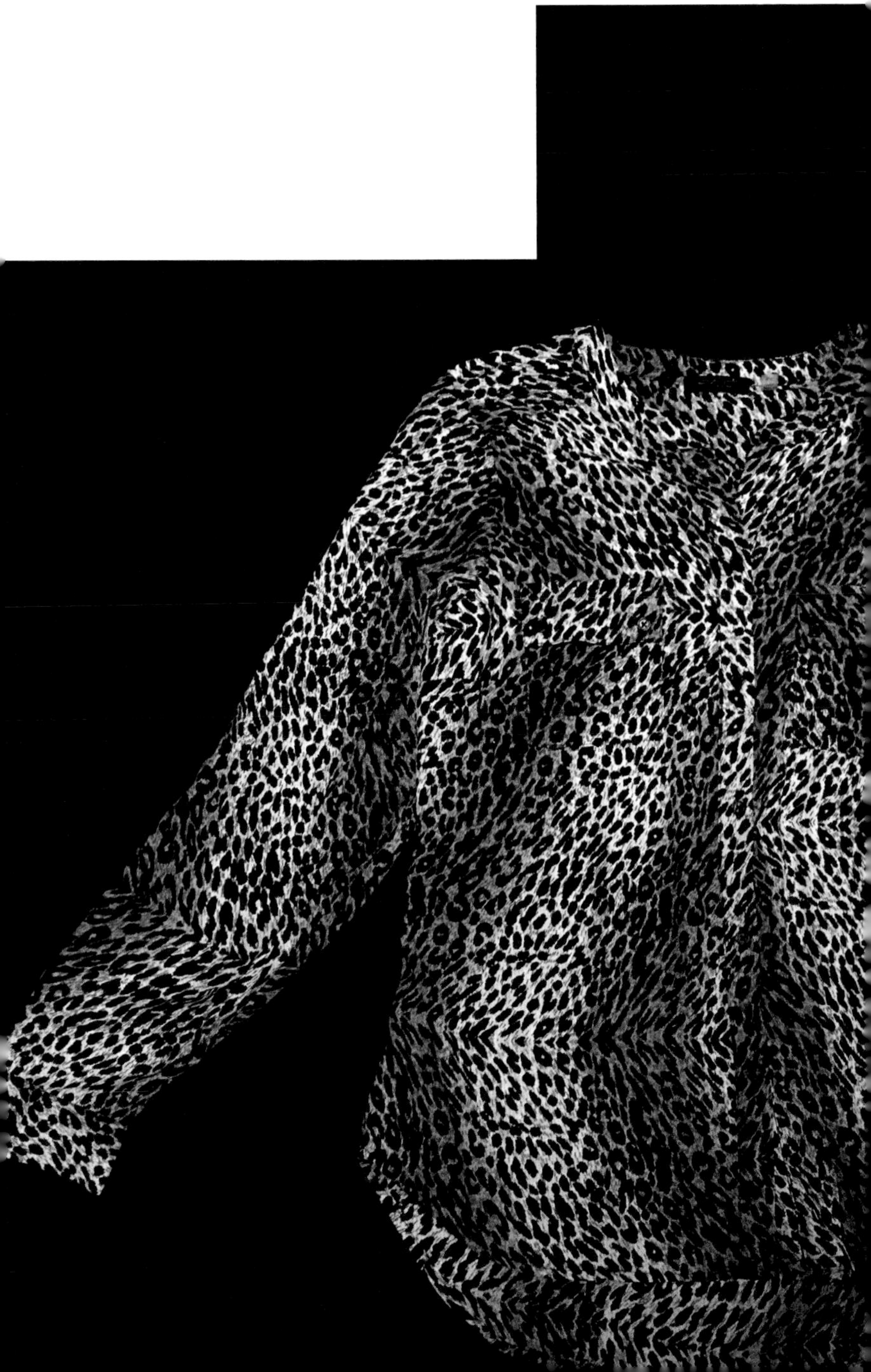

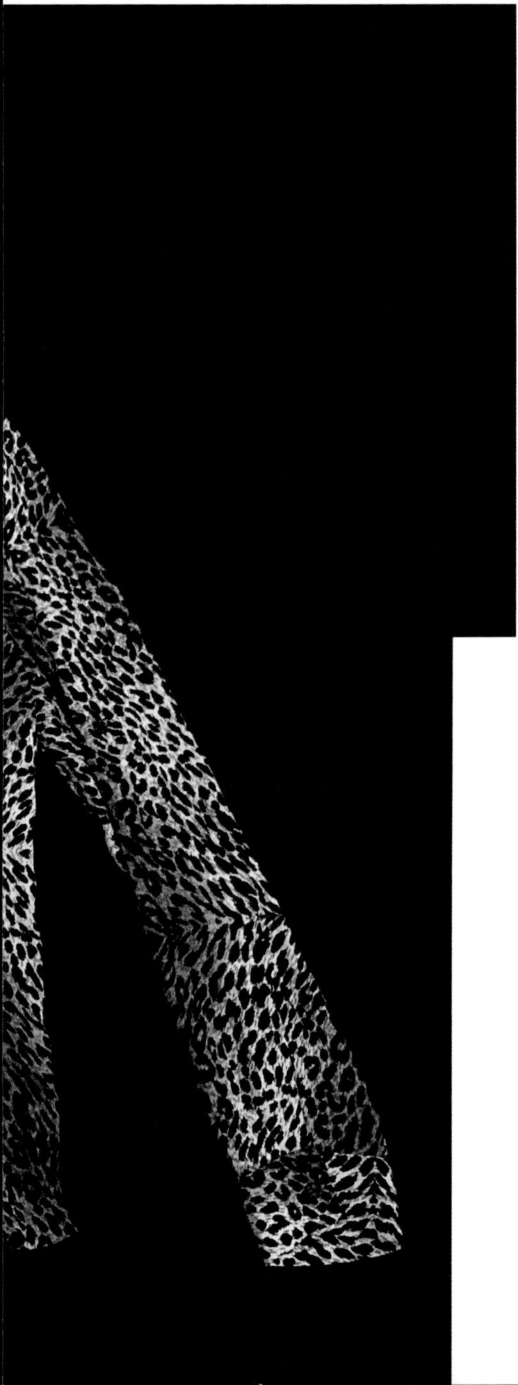

年齢で区切らない時代が
やっと来そうな。

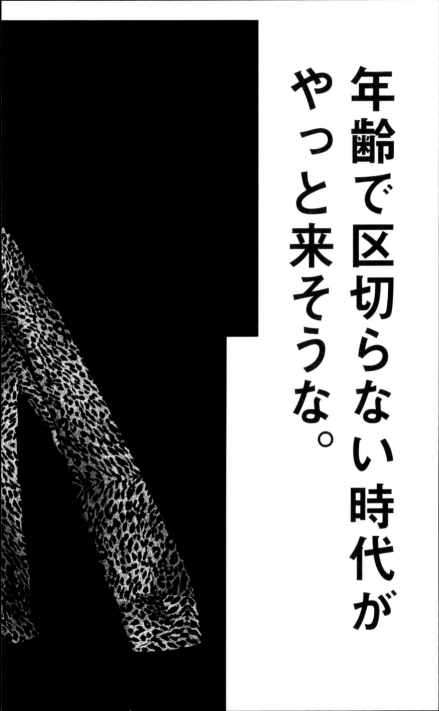

ハロウィンだからって
お決まりのコスプレしなくても
いいんです。
誰かになって
無理にハイテンションに
ならなくてもいい。
少しだけ自分らしいおしゃれして、
そういう感じがわかってくれる人と
一緒に居るのが一番いい。

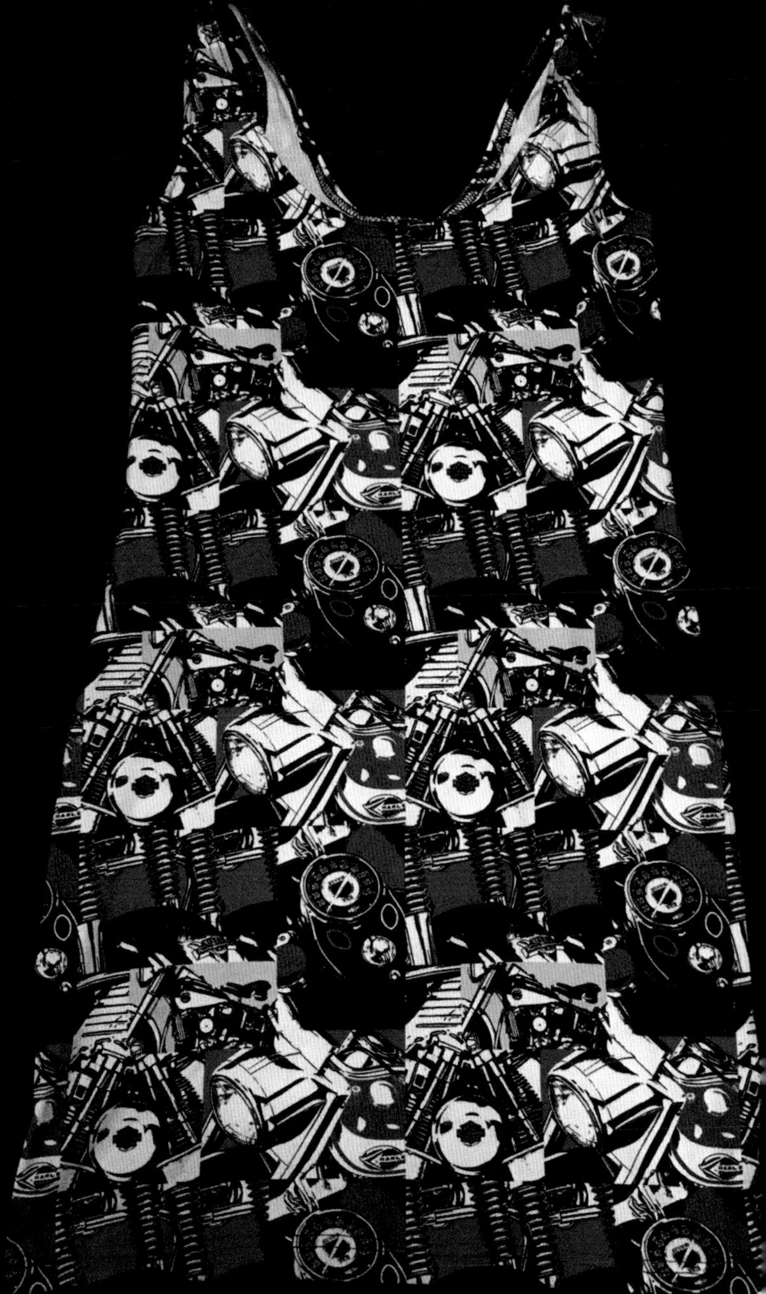

某番組で海外買い付けバイヤーの
よく言ってるセリフ、
日本人にはこのデザインは無理とか、
日本人に合わせて、だとかの言葉が多すぎて、
何をもって日本人という集合イメージをセンス化してるかだけど、
服も雑貨も食品も同じ事言ってるのが多い。
日本の未知を買ってくるのが役割りなんちゃうん？
日本人も色々おるし、
その買うのをやめたやつを輸入してほしいし、
バイヤーは博打やで！（私だけ？）
数々突っ込みたくなる。

心の中の尖がった部分がある限り古着はいつも新しい。

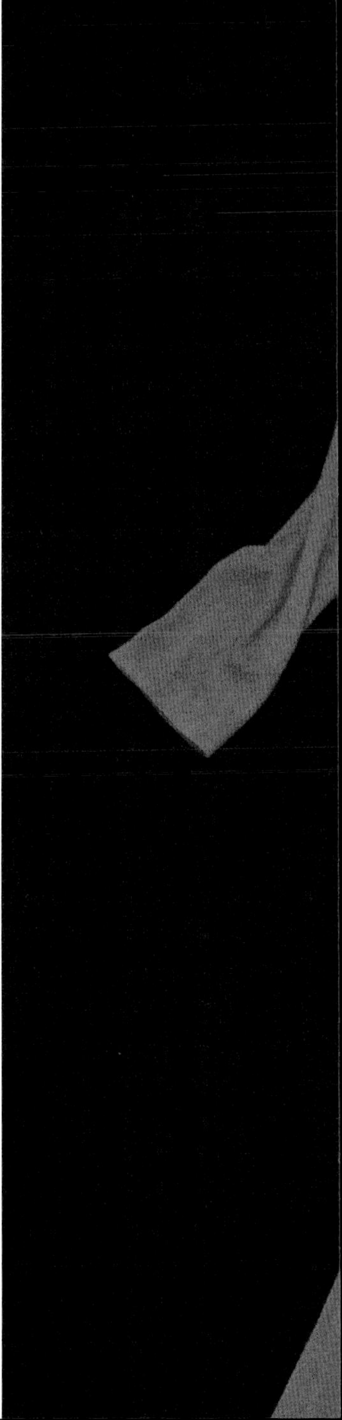

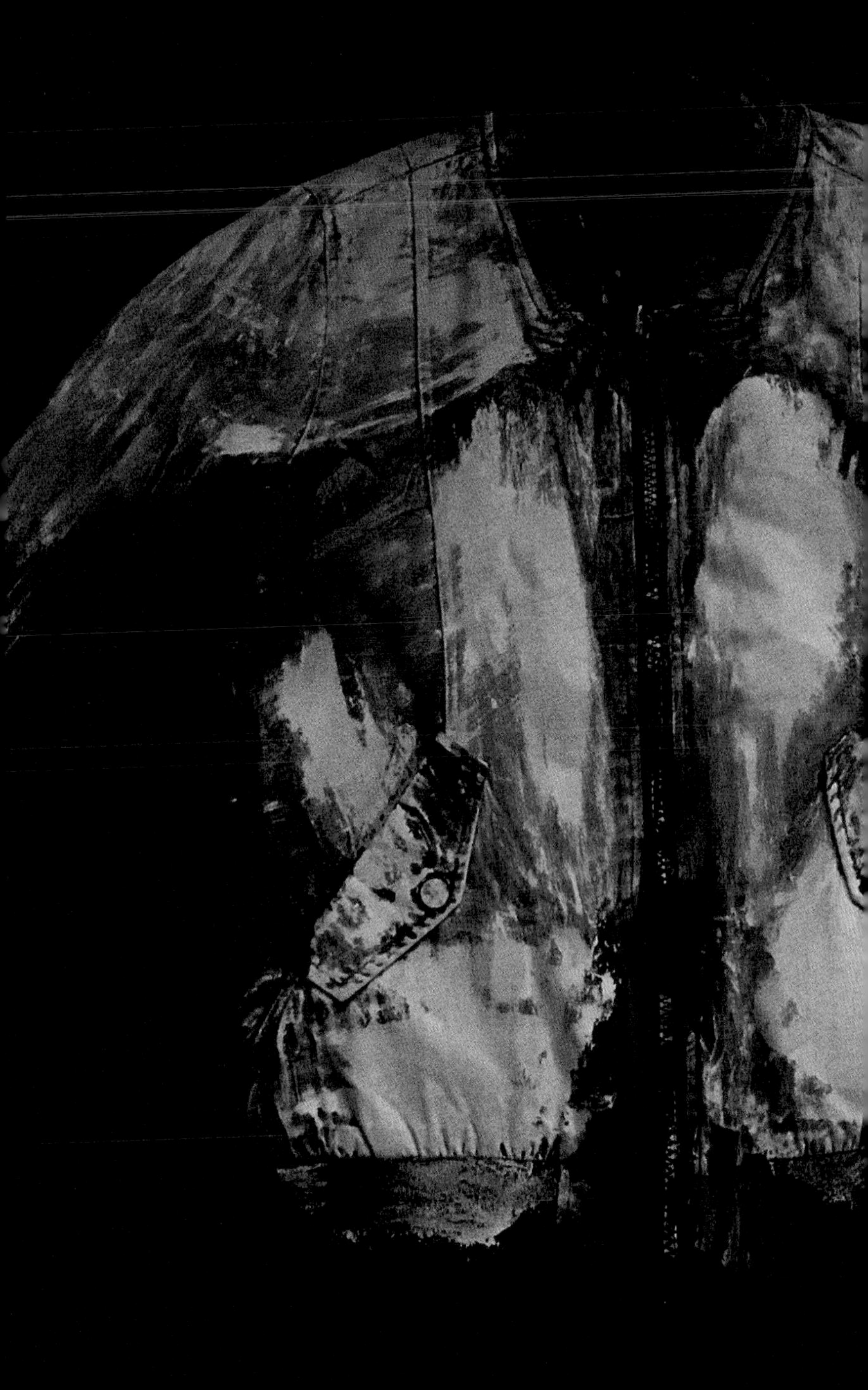

何年たっても古くならない
表現は常に意識しています。
媚びない服は古くならない。

ECと実店舗の違いは
人も服も
予想外の出会いがあること。
足を運ばないと出来ない
ファッションの実体験。

今時、服は家に居ても買える時代。
でも外に出てみると、
たまたま歩いてて見つけた
看板に惹かれた、とか、
前からインスタで気になってたところを
探してみる、とか、
店にたどり着くまでに
もう体験は始まっていて、
その日の天気や前日からの気分や一緒にいる人や
服には関係ないものが色々関係してくる。
服は服を手に入れるにとどまらず、
色々ひっくるめてファッションする、
ということではないかと。
そしてファッションする、
は人に与えられた特権なのです。

ただモノを求めるだけではない、
そこにたどり着くまでの道のりや
高揚感を楽しめるかどうか、
そしてそれが自身のスタイル形成に
落とし込まれる。

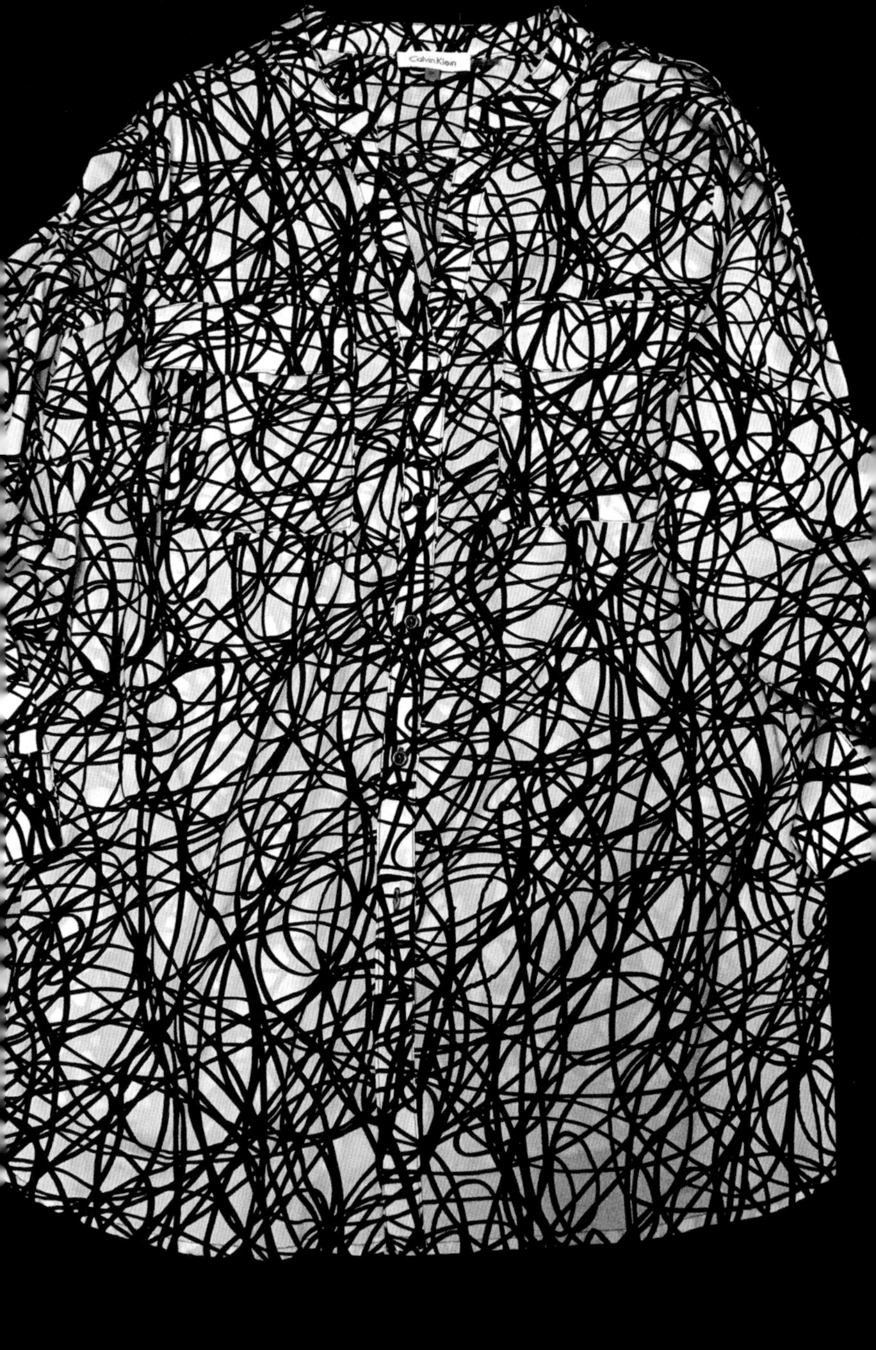
Calvin Klein

今若い層が新鮮に感じてるのは
小さなお店なんだと思う。
ちゃんと店主の思いがあって、
売りたいものがしっかりあって、
それが店それぞれで、
そこに丁寧に手が入ってて。
物心ついた時からＳＮＳがあり、
人を介さないものは新しくも何ともない世代からすると
ちゃんと人を感じる場を欲して当たり前。

バイングって
「その人となり」だと思うので、
そこが感じられないと面白くない。

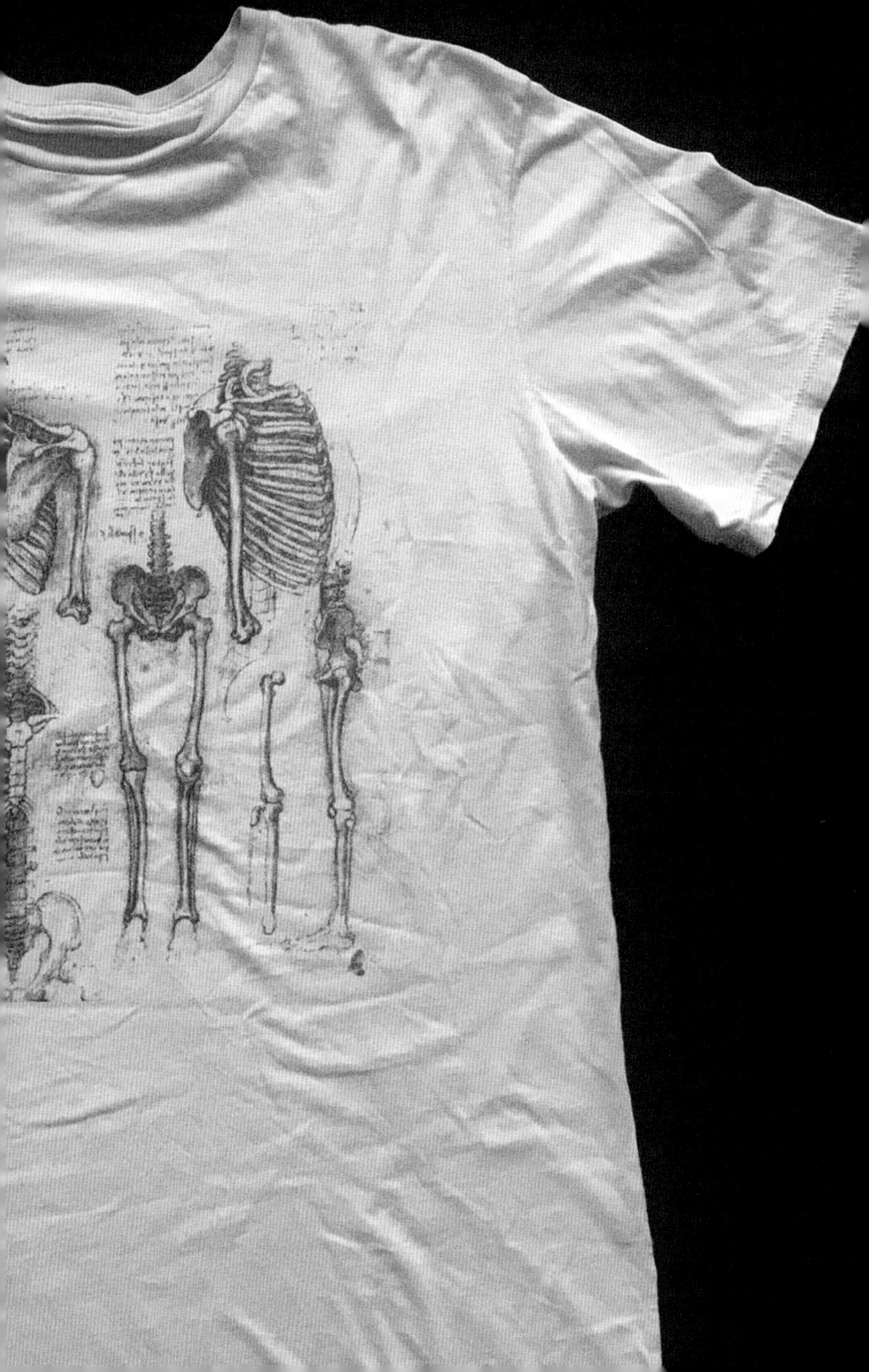

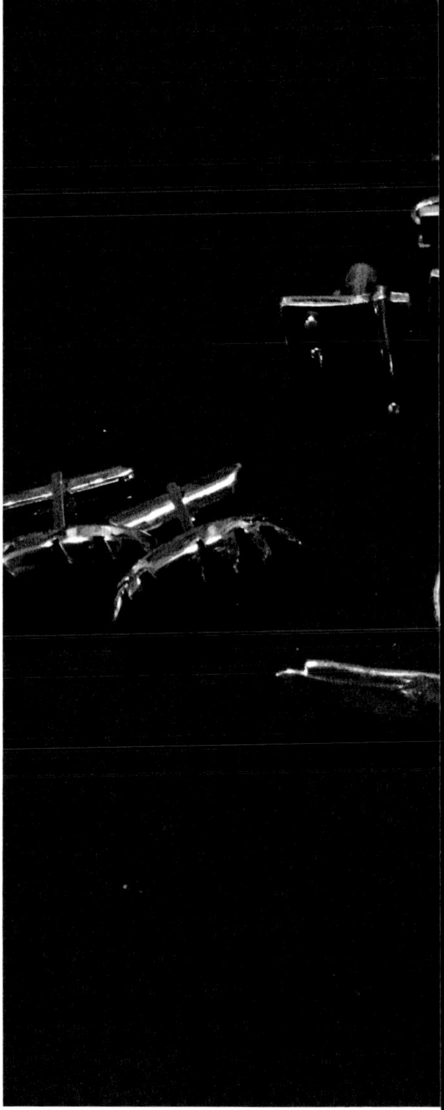

最近はトレンドが無いので、
インスピレーションで服を選ぶ人が多い。
どちらかというと
アクセサリーやアートに近い感じ。
本能のままなので、
予期せぬ出会いがある。
そこで思考が広がり自分も変わる。

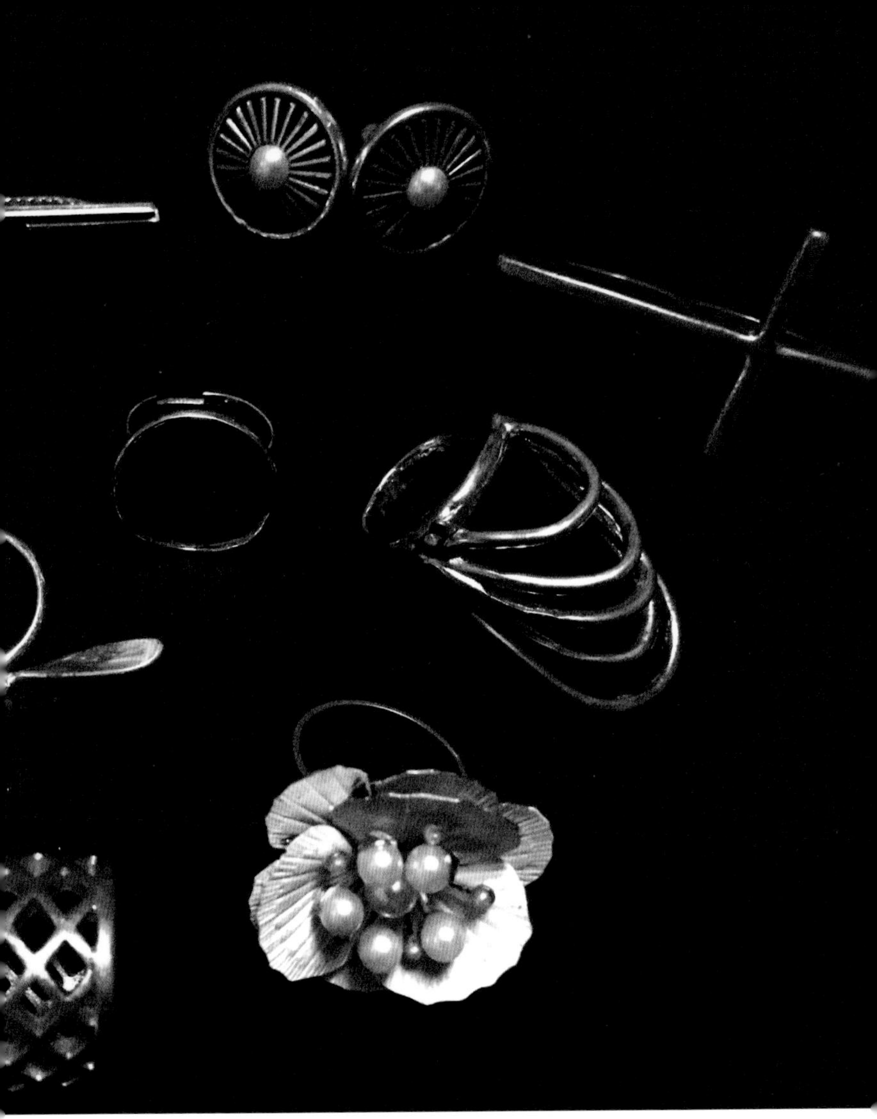

最近は男性に指輪が人気だ。
最初は「レディースの店ですか？」
と恐る恐る店に足を踏み入れる
10代〜30代男性。
お客さんの6割が男性なんですよと言うと
少し驚きつつも服やアクセサリーを見出す。
メンズレディースの区別が無いので、
店全体を見てくれる事になり、
目に新鮮なものに手が伸びる。
予想もしなかった新しい自分に会える。
女性だけでなく男性もしるし的な
男らしさを植え付けられ、
気づかぬうちに不自由している。

もともと古着は何万円もかけなくてもかっこよくなれるよっていう精神の元、
その辺のストリートから生まれたファッション。
だから今でも生きて行く上で出くわす、〝そうじゃないよな〟、
っていう違和感があるから続けられるんだなと思う。
違和感がなくなると人は考えなくなる。だから違和感は大事。

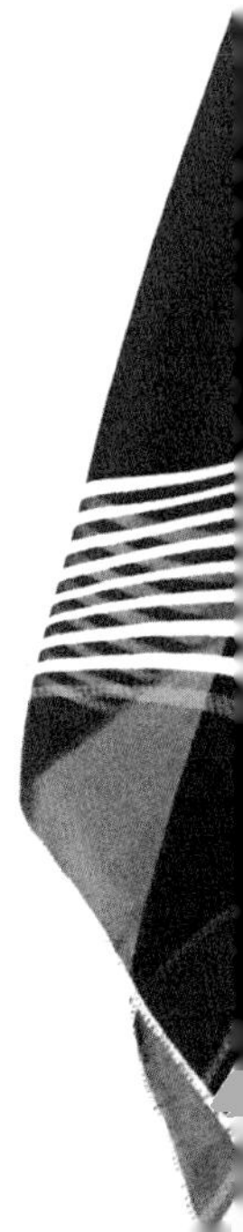

人と被りたくないって言う人が増えてきた。
いい傾向。
古着は人と被らんよ。

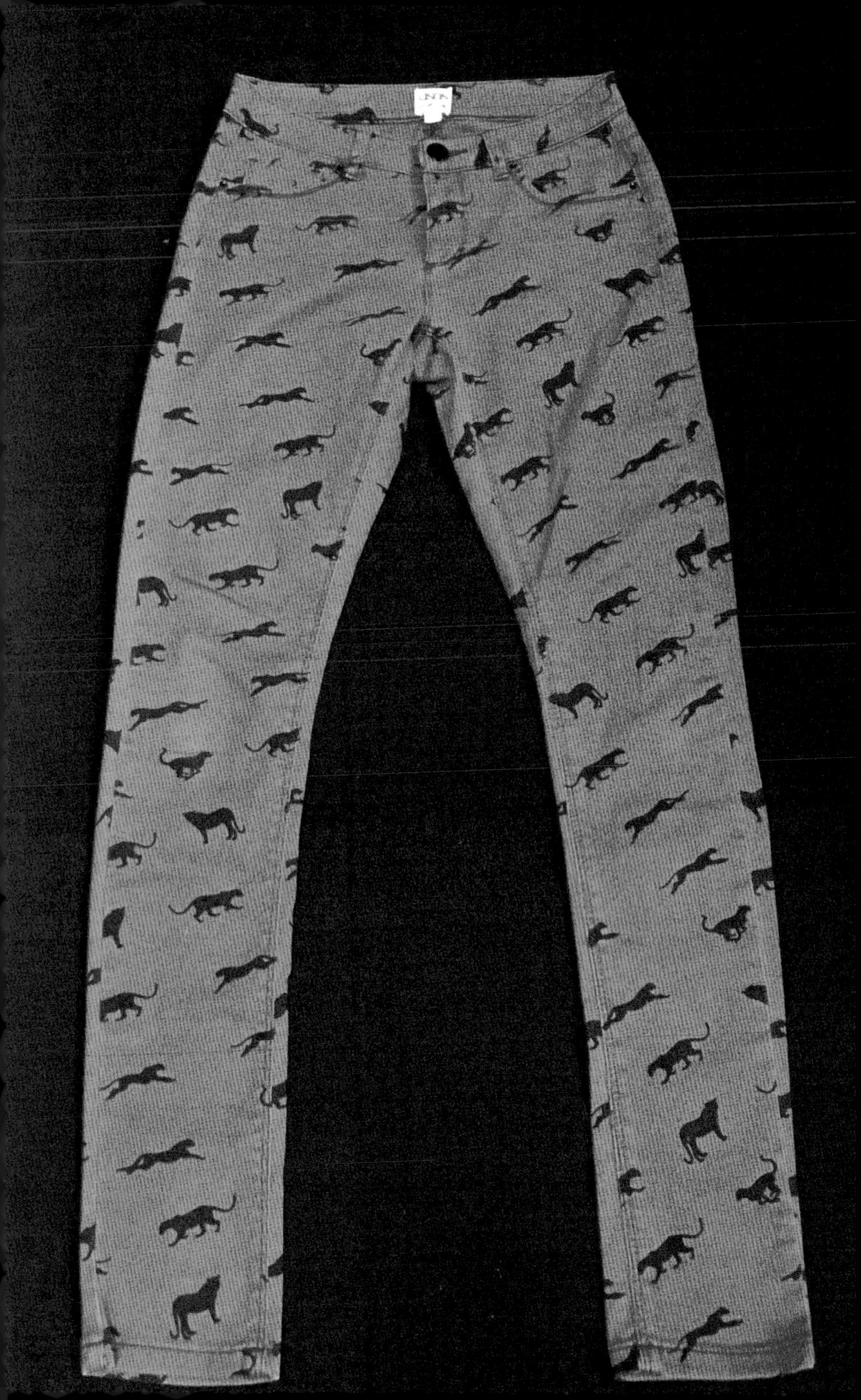

古着は一点一点違う事を楽しまなきゃ。
誰かが着てたようなものを探すのではなく
その時出会ったものを自分のものにしていく。
自分は誰かと違うのだから。

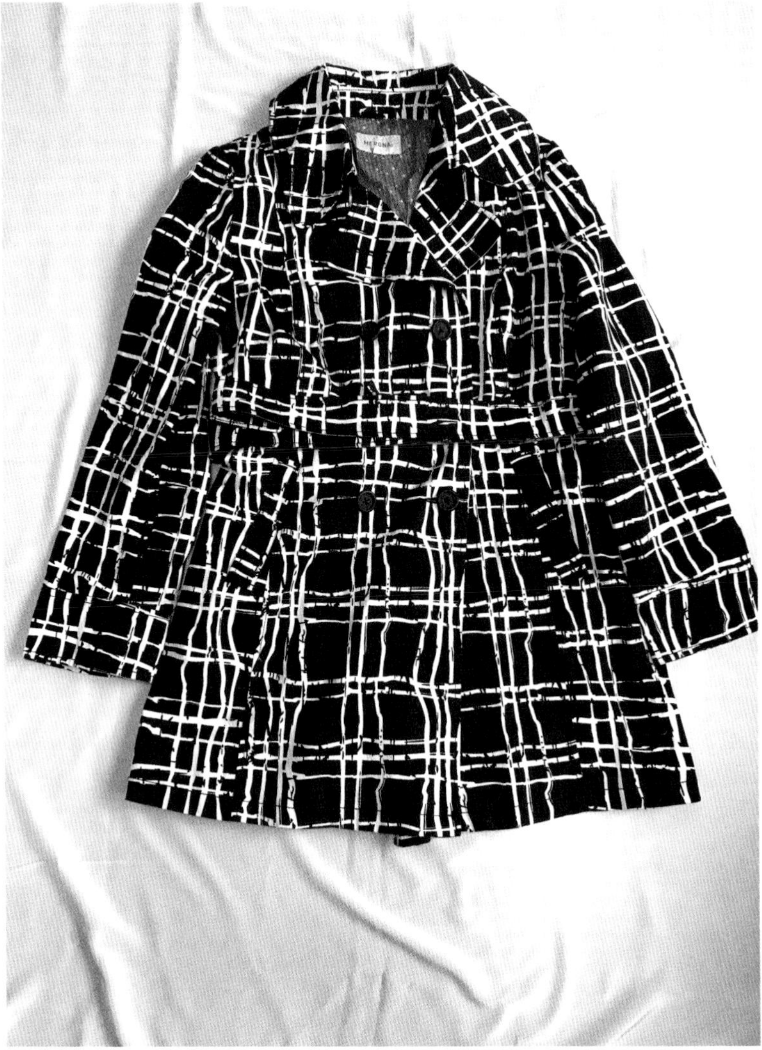

今の感覚を持ってこそ
ビンテージは生きてくるし、
ビンテージからの発想も生まれる。

巷に溢れている1年足らずで
プラスチック容器のように捨てられ
新しい服に比べ繰り返し色々な時代
スタイルを変え登場出来る古着は幸

だ。

服は買った時の思い出や
身につけた情景とともに
存在するもの。
躊躇なく手放せる服を
作らないでほしい。

ファッションはもちろん異性を意識するもの。
それがないとおしゃれ心も育たない。
ただ、それは自分のものであって
隣の誰かとは違うはず。

フあど大安

ション心が芽生える根源は
の反発だったり抗いだったり羨望だったり、
不自由さが伴うものだと思う。
自分達の商業のために
便利なものを与えすぎなんじゃないかな。

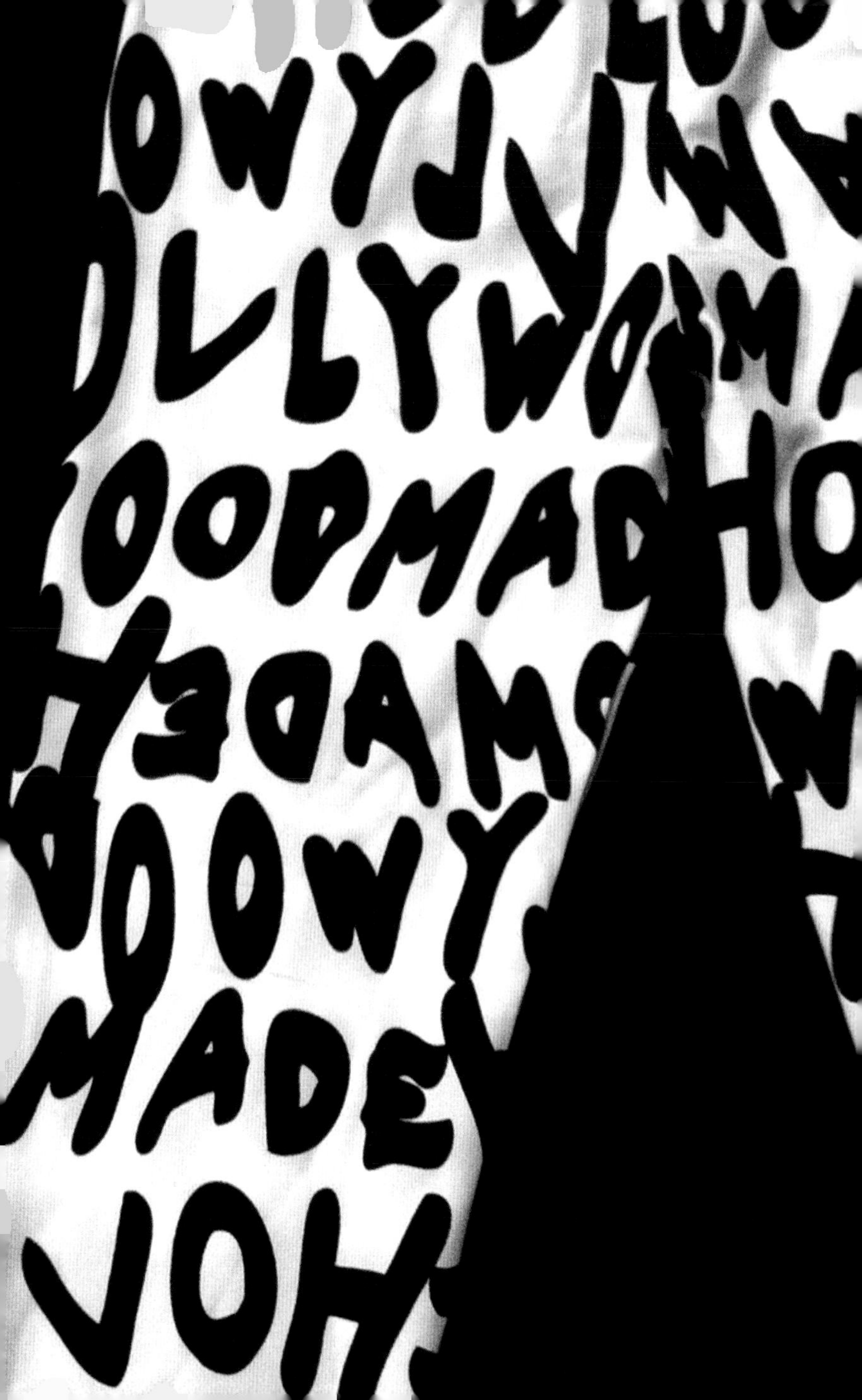
MADE

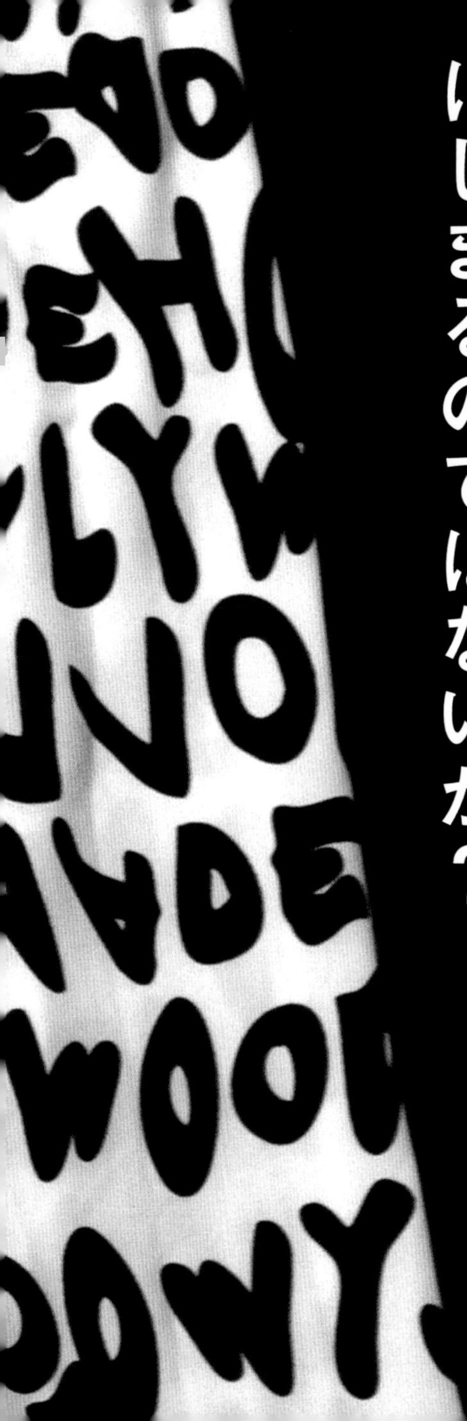

ファッションにおいての個の確立は
まず他者を受け入れる事から
はじまるのではないか？

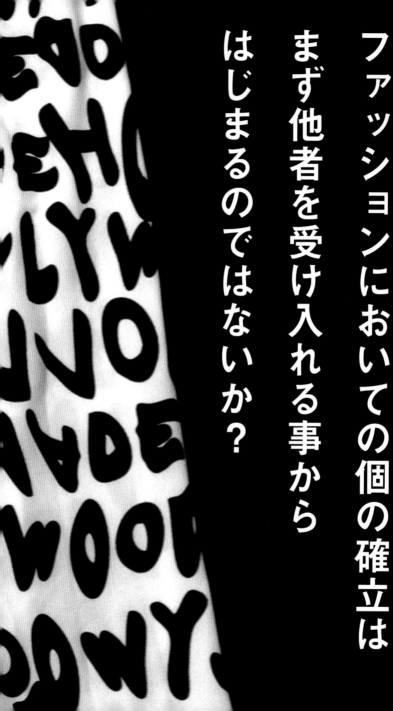

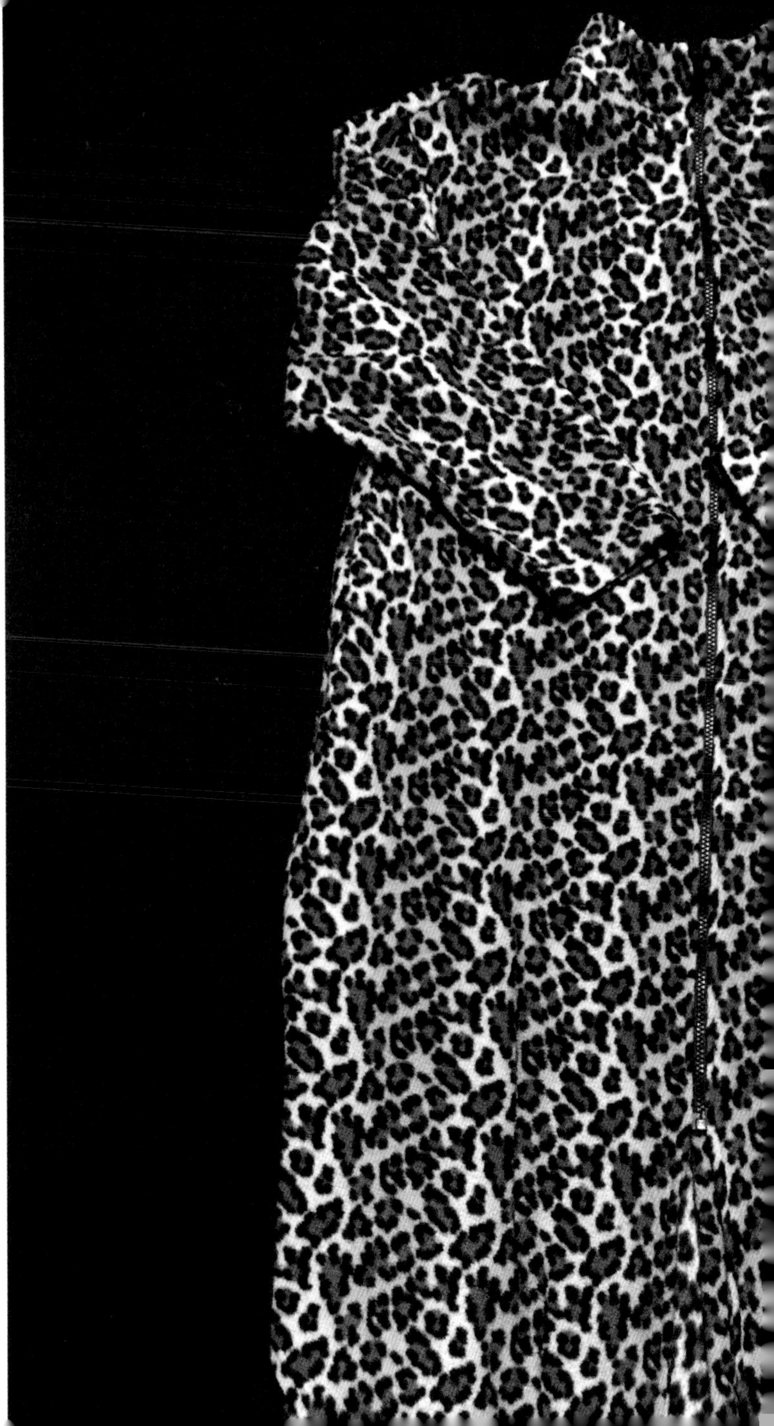

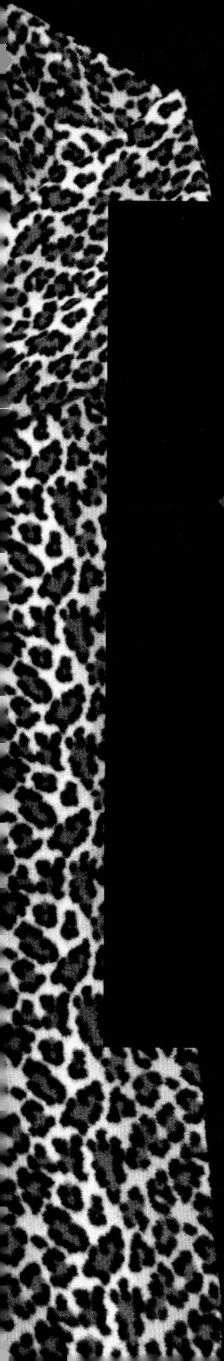

遊びがないとね、ファッションは。
何が売れる？
なんて考え出した時から創造は止まる。
何をしたいか、何を見せたいかだ。

何を着るかではなく、
どう着るか。
それは、どう生きるかみたいなもの。

服を選ぶ、買うという行為はめんどくさい事なのです。
めんどくさい事を受け入れ乗り越えて行かないと
自分のスタイルなんか出来ないんです。

着て行くところが無いのではなく、

着る事で行くところが増えるのです。

沢山の服の中から選ぶ。
そのシンプルでいて
常に理由を突きつけられる
人生のような行為。

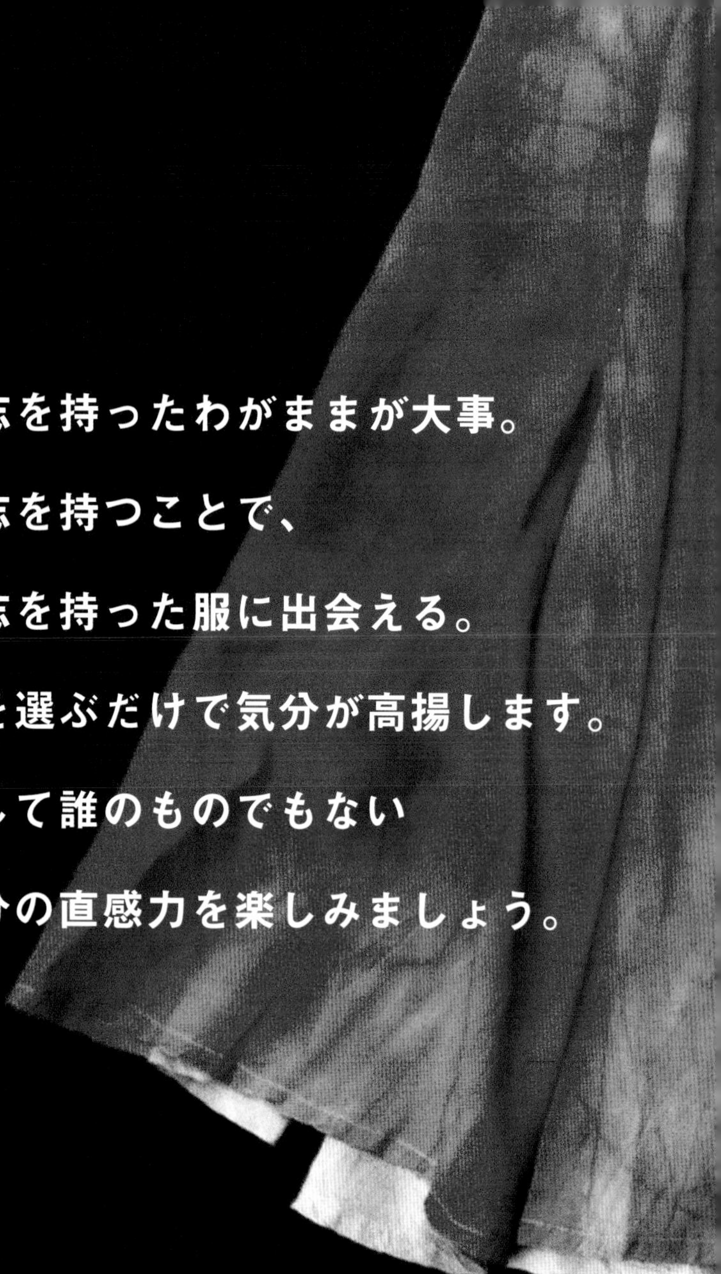

意志を持ったわがままが大事。

意志を持つことで、

意志を持った服に出会える。

服を選ぶだけで気分が高揚します。

そして誰のものでもない

自分の直感力を楽しみましょう。

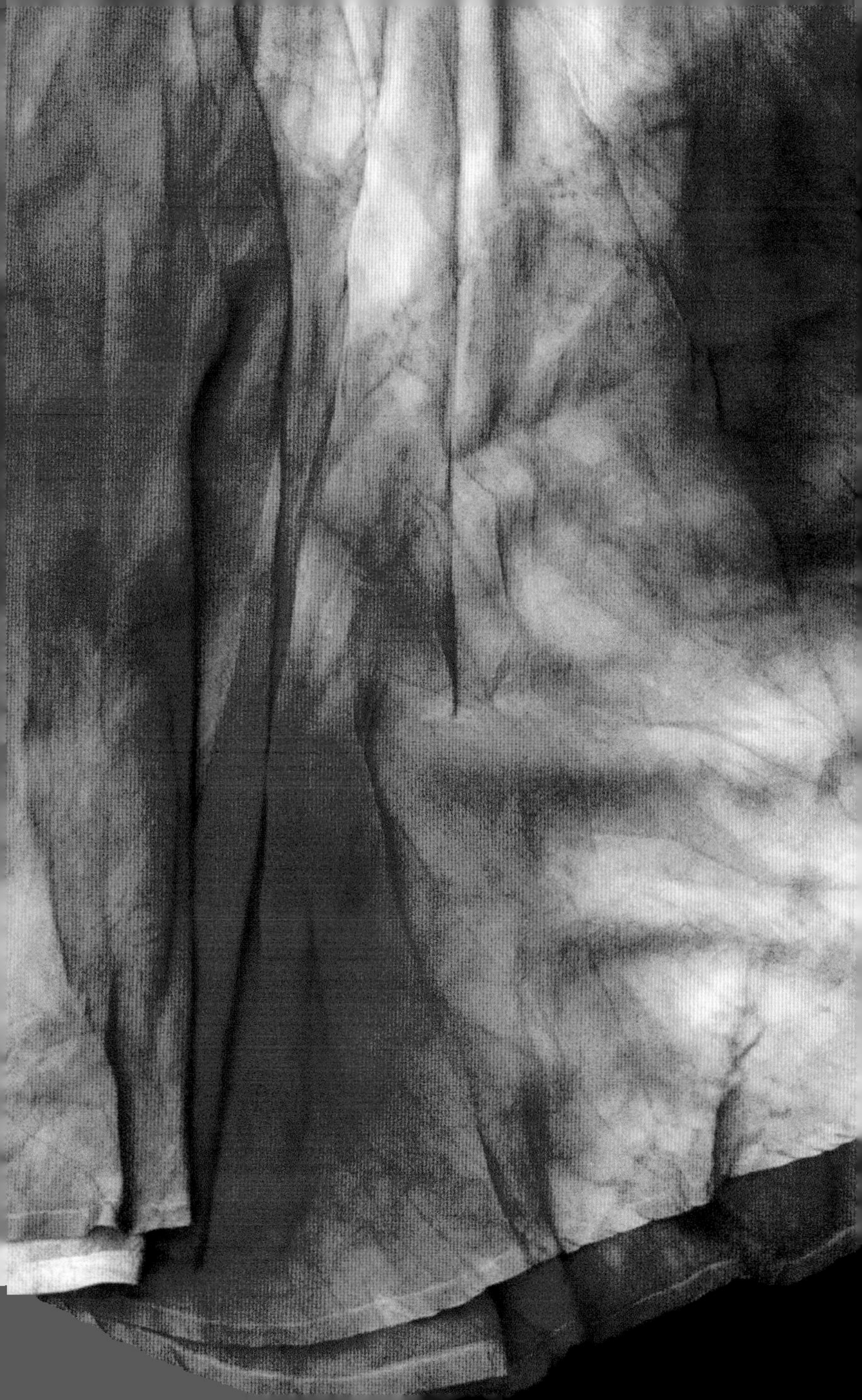

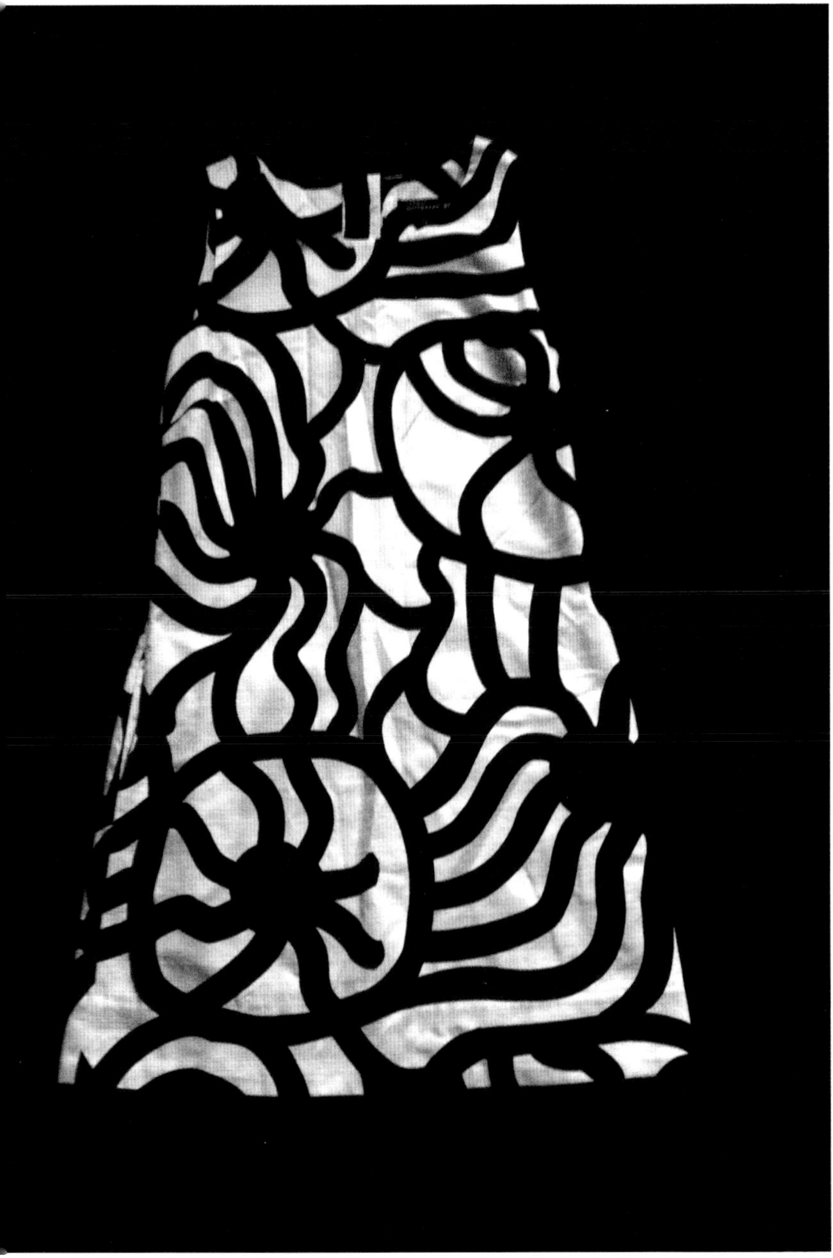

服は自分に合わせるとはじめて服になる。
だから鏡の前に立ち、
試着してみないとわからないものなのです。

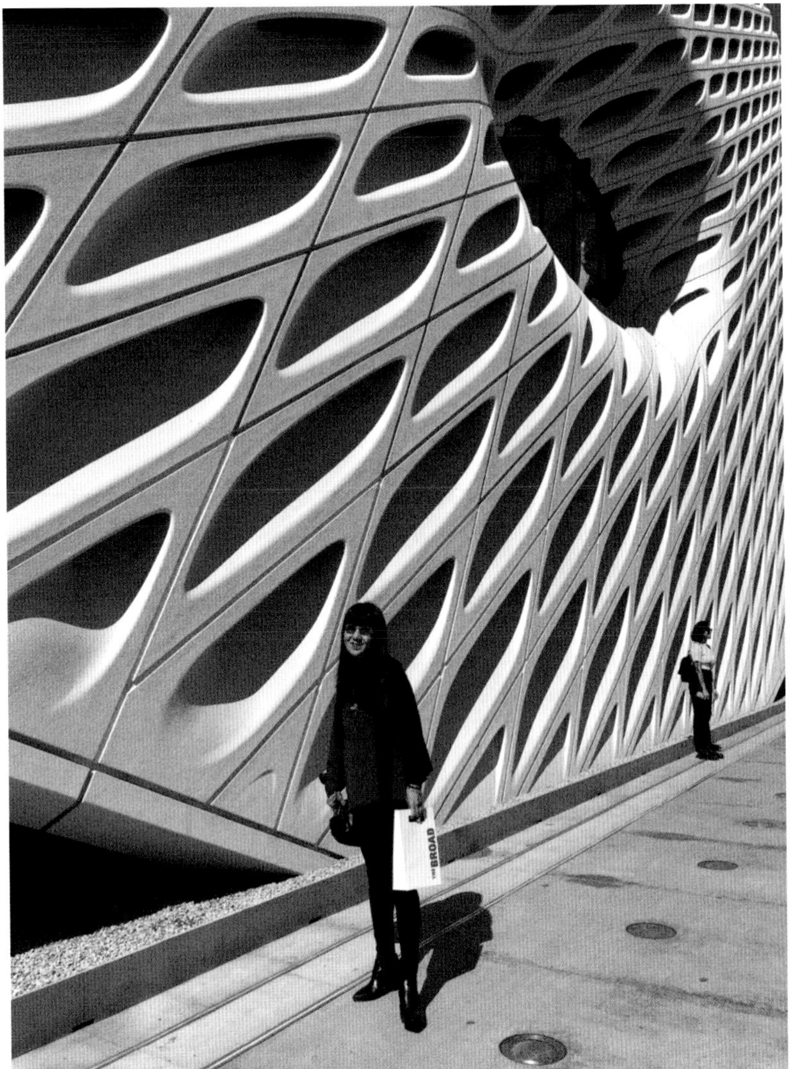
THE BROAD

Pocket
Notebook
BAG
POUCH
Purse
Satchel
Bag
Backpack
Clutch
Tote

突撃洋服店

TOTSUGEKI YOFUKUTEN

POPUP STORE

01.31 Wed.-02.06 Tue.

Model : Mei, Dan, Yu Ishizuka, Tatsuya Yamazaki, Mina / Photo : Hiroki Oe / Hair & Make-up : Hitomi Haga / Design : Toru Takagi / Art

suda

POPUP STORE
突撃洋服
TOTSUGEKI YOFUKU
01.31 Wed.-02.06

del : Mei, Dan, Yu Ishizuka, Tatsuya Yamazaki, Mina

to : Hiroki Oe

r & Make-up : Hitomi Haga

ign : Toru Takagi

Direction : Miniko Yasuda

突撃洋服店 POPUP STORE
TOTSUGEKI YOFUKUTEN
2018.08.22wed.-27mon.

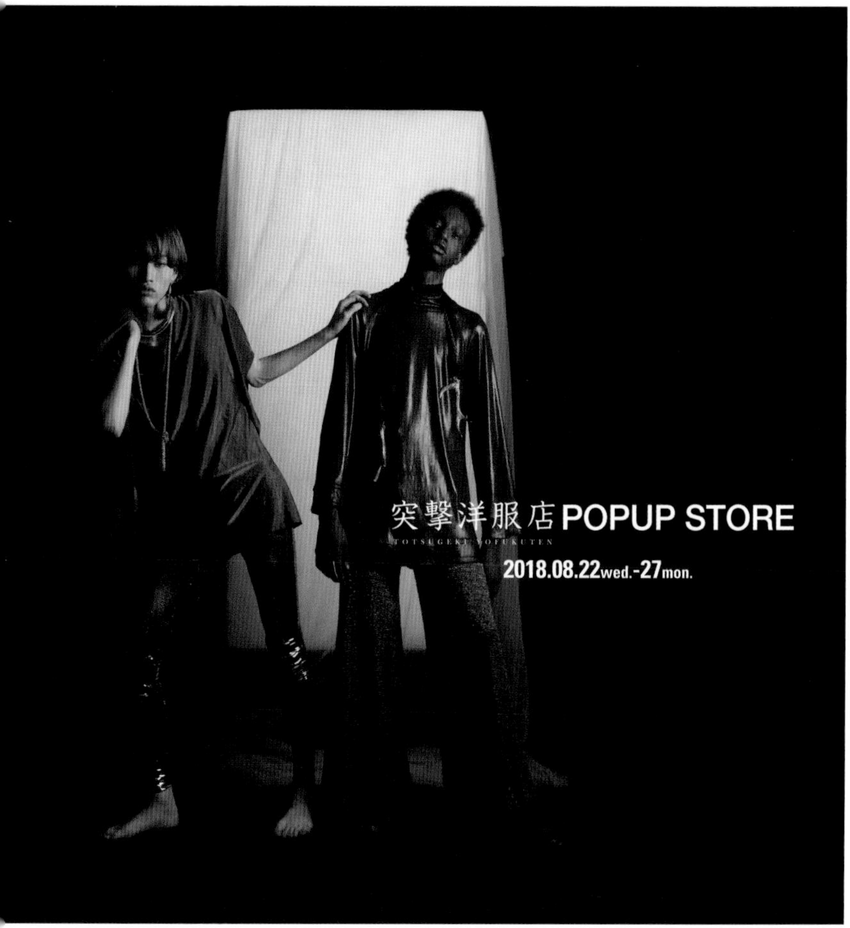

el : Azuri, Mohamed

o : Hiroki Oe

: Yuka Endo

e-up : Sachika Shinzato

gn : Toru Takagi

irection : Miniko Yasuda

2019 9/25(web)-9/30(mon)
突撃洋服店
TOTSUGEKI YOFUKUTE

突撃洋服店

TOTSUGEKI YOFUKUTEN

POP UP STORE
2019 9/25(web)-9/30(mon)

Model : Yu Ishizuka / Photo & Design : Hiroki Oe / Hair & Make-up : Hitomi Haga / Necktie Art : Hironori Fukuzumi

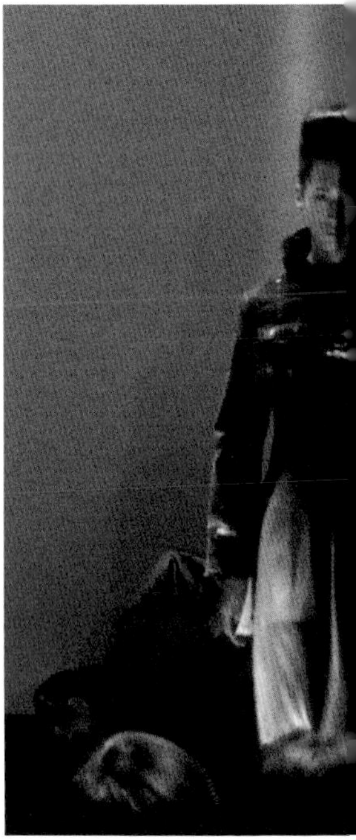

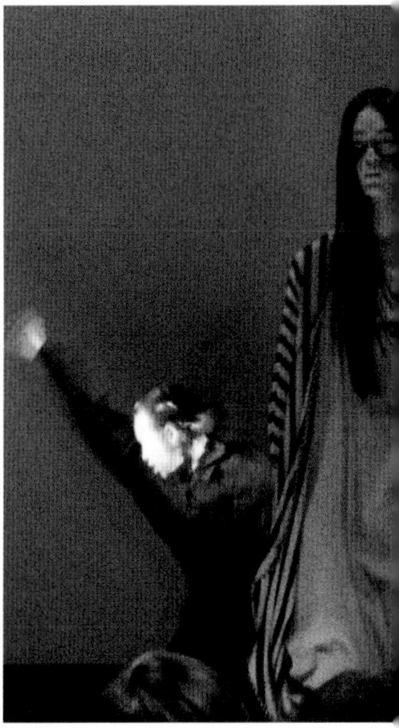

突撃洋服店
TOTSUGEKI YOFUKUTEN
Pop-up Store
2017.1.25wed-1.31tue

Model : Mina / Photo : Hiroki Oe / Hair & Make-up : Satoshi Shimada / Design : Toru Takagi / Art Direction : Miniko Yasuda

突撃洋服店
TOTSUGEKI YOFUKUTEN
Pop-up Store
2017.07.19 wed. - 25 tue.
Model : Mina / Photo : Hiroki Oe / Hair & Make-up : Hitomi Haga / Design : Toru Takagi / Art Direction : Miniko Yasuda

突撃洋服店
TOTSUGEKI
YOFUKUTEN
Pop-up Store
2017.07.19 wed. - 25 tue.

ANATOMY

試着しないと出てこないあん
創造性は自分の中のもの。

分やこんな自分。

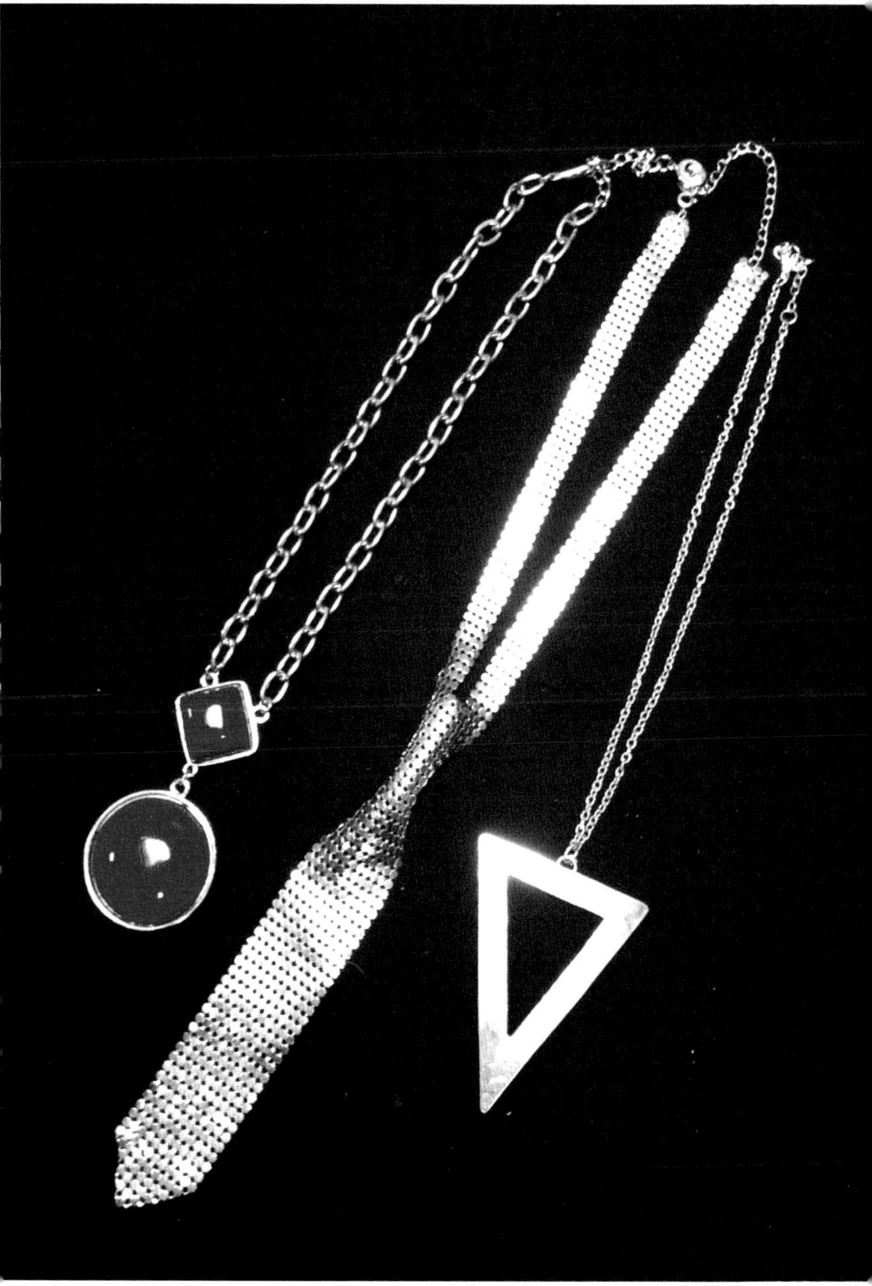

服で行動が変わる。
そして服が所作を決める。

行動が先なのか服が先なのか、服は精神を

露見させます。服によって気持ちも変わる。

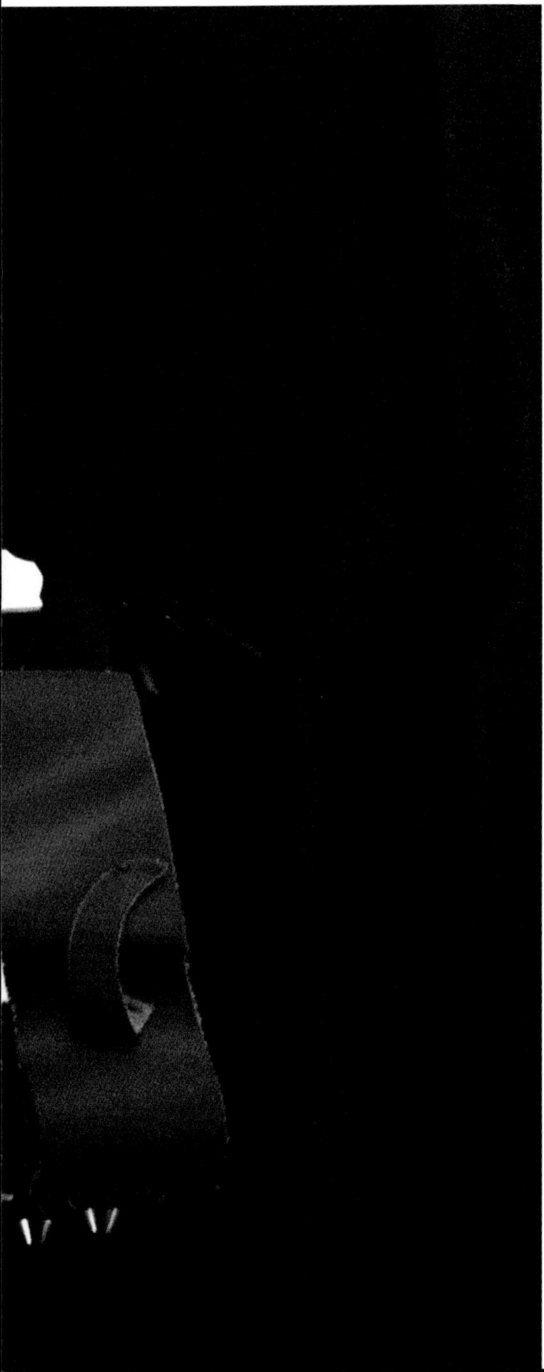

服ではないものを服からどれだけ受けとれるか、
それが服の使命。

一見どう着るの？いつ着るの？と思うような服。

そこに目が行くことに意味がある。

必ず求める理由がある。

服を服として見ない感じ。

これが大事。

服の事を考えても

ファッションは見えて来ない。

服を本来の役割じゃない見方をする事。

むしろ服以外の行動がファッションだと思う。

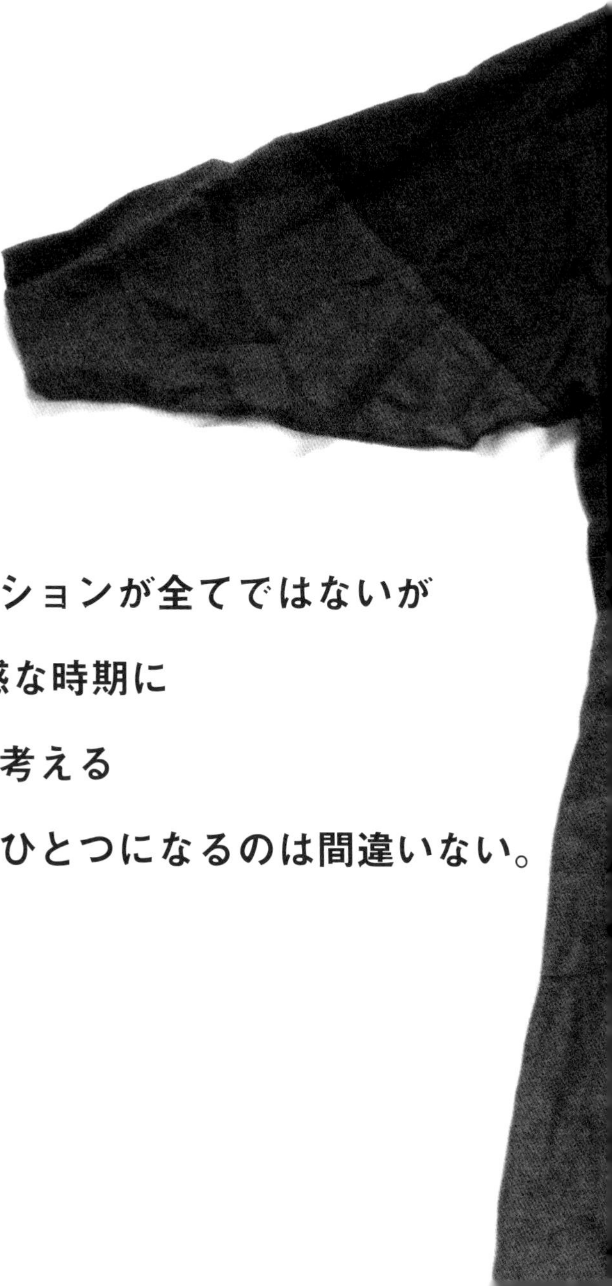

服やファッションが全てではないが

10代の多感な時期に

自分の軸を考える

きっかけのひとつになるのは間違いない。

センスや感性が育つ時期に髪型や服装の過度な規制は虐待に等しい。

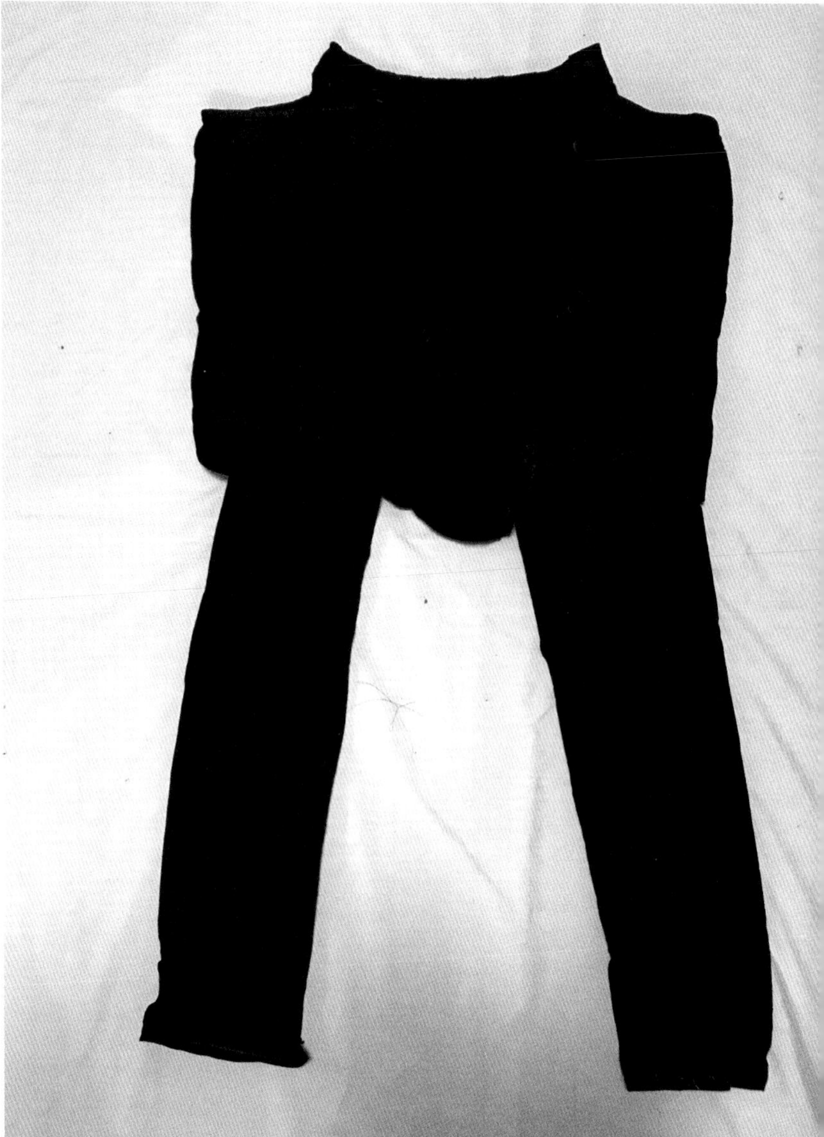

日常でインプットされる事柄を
他の何ものでもない自身の理由で取捨選択する。
苦しみながらも自分と向き合い、
個が出来ていく様を表現します。

LIST OF PEOPLE I LIKE:

何をするにも直前のひらめきを大事にしている。
計画通りなんて退屈。

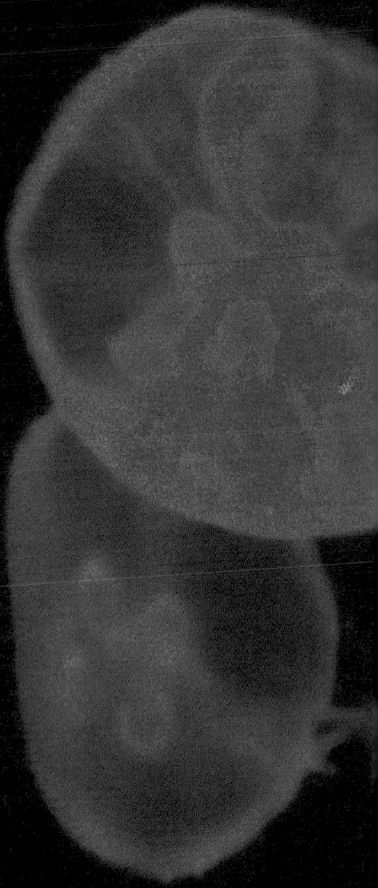

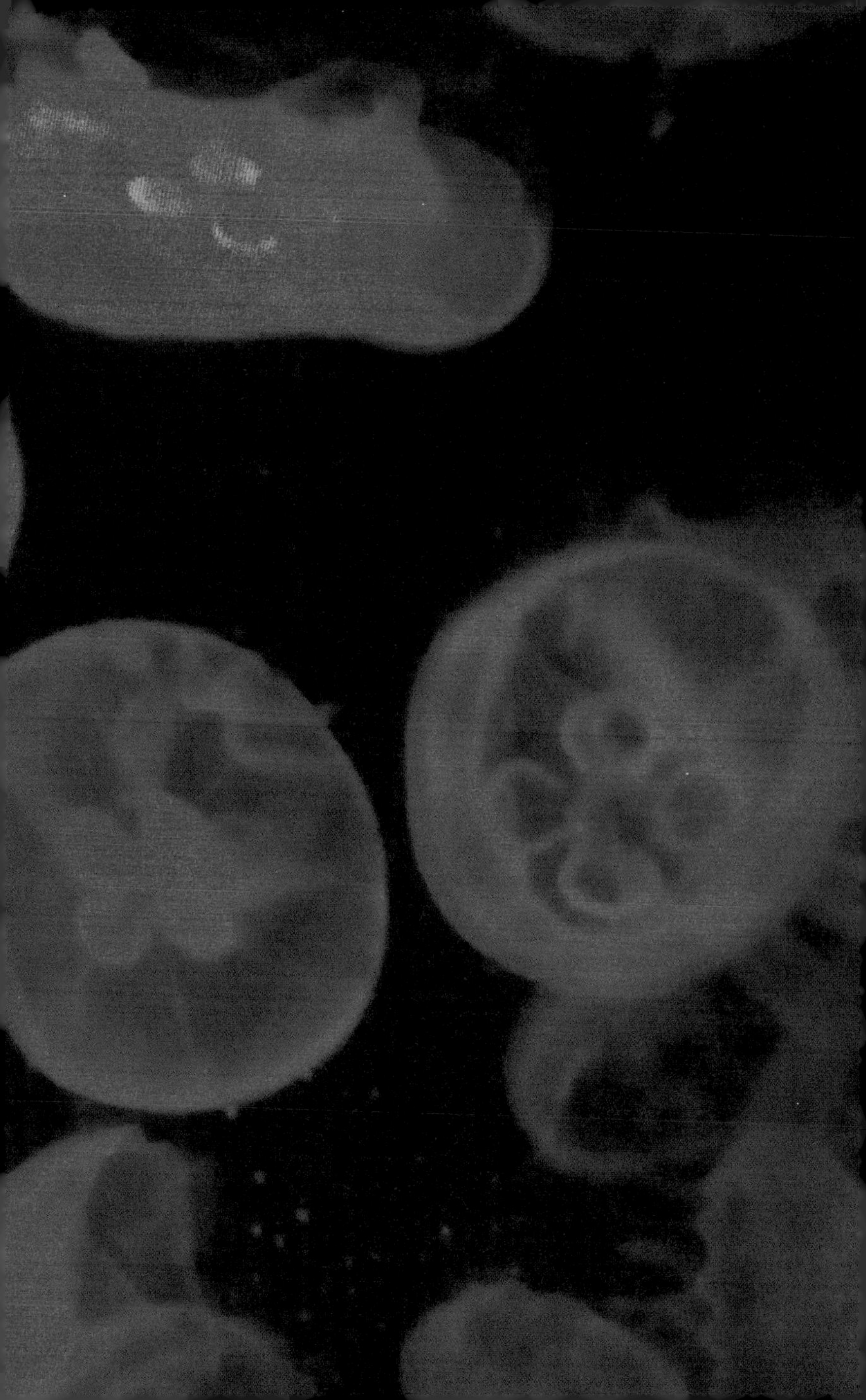

HERMIN

面白いものを見つけるのではなく
面白さを見出す事。
どんな現場でもどんな状況でも見出す事。

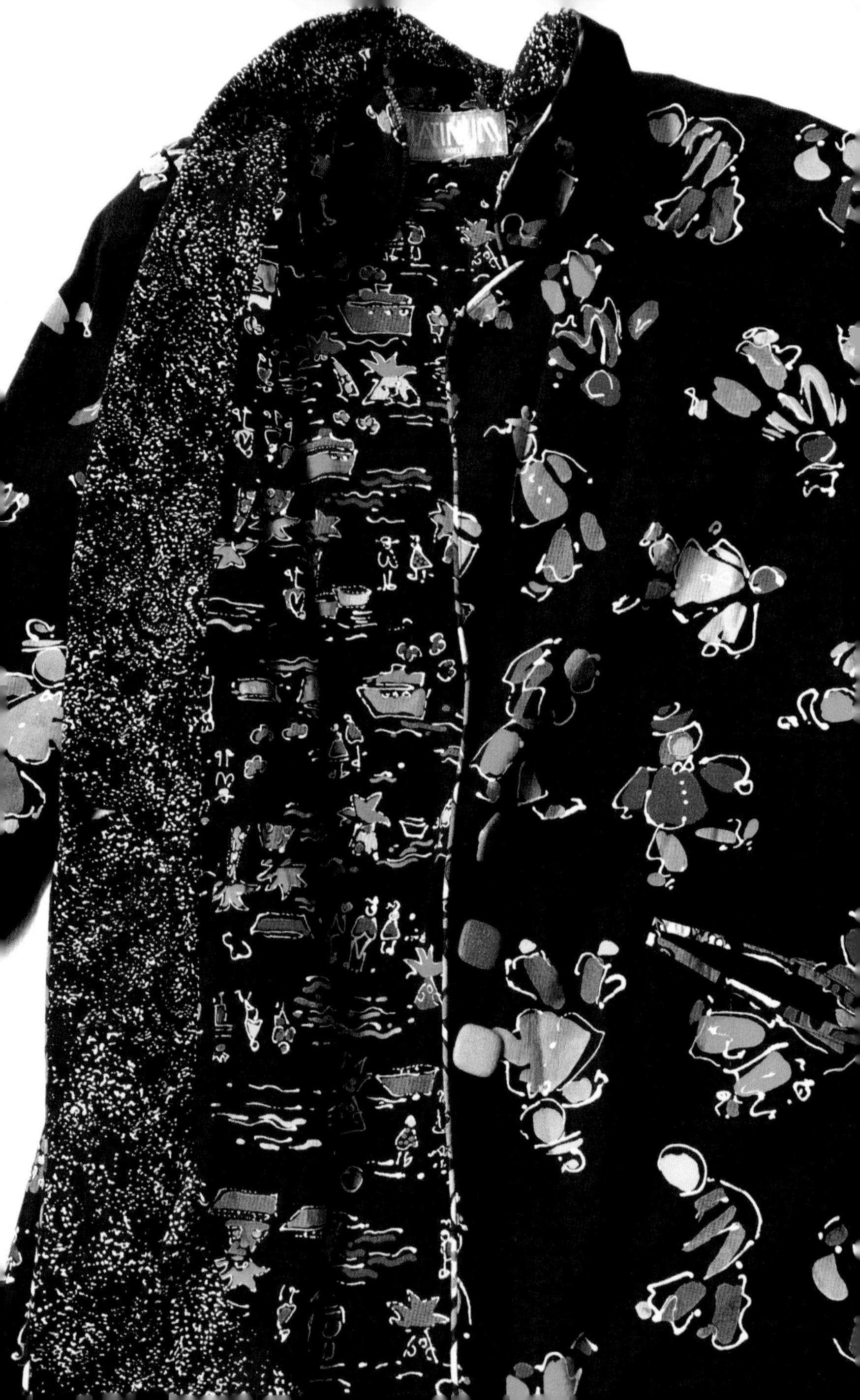

クリエイティブな行為は心の余白を試す行為。

イメージを形にしていく事は
すり減らしながら膨らます作業。
楽しい、苦しいが交互にやって来る。
一番大事なのは何も形になっていない時間だ。

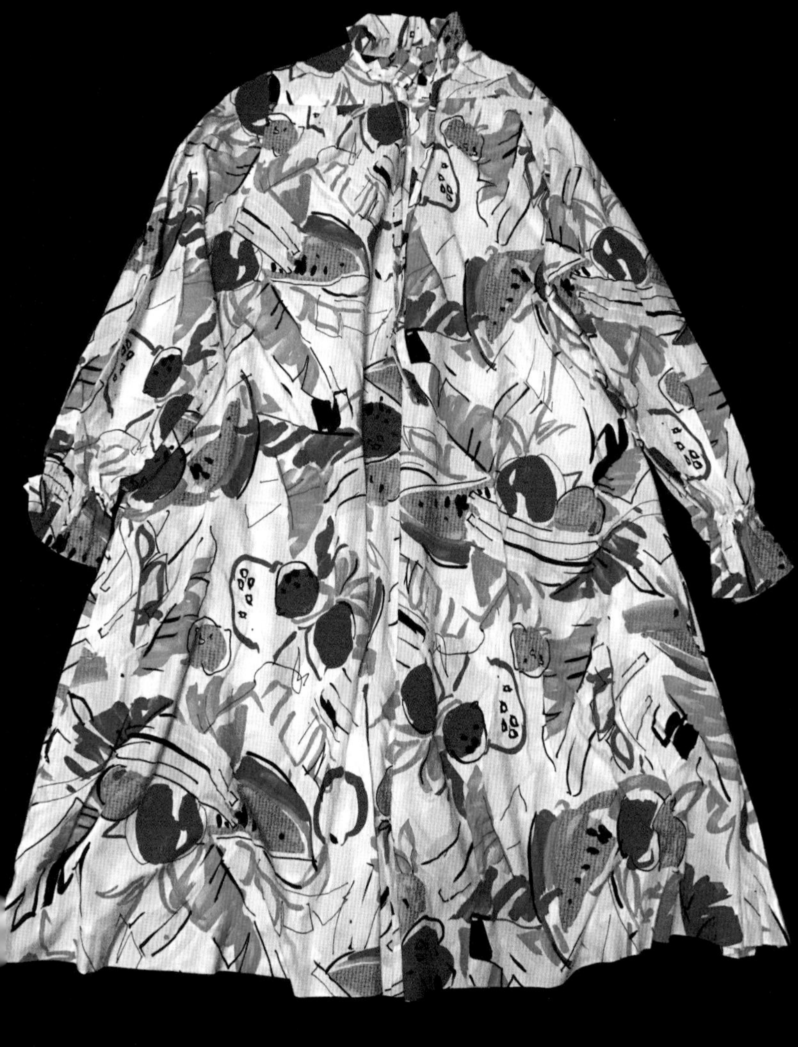

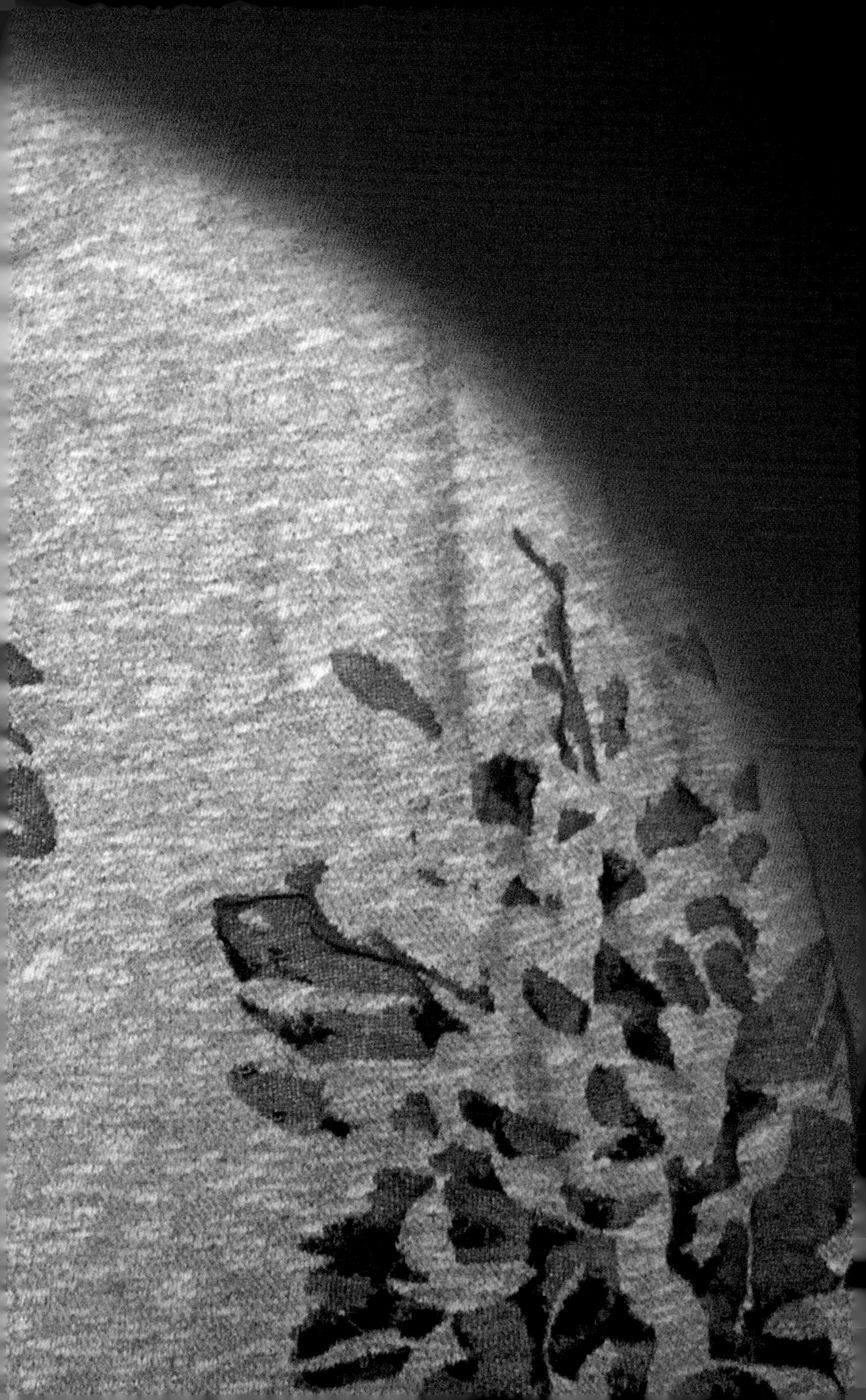

新しいアイディアを考える時は
今までの全てがヒント。

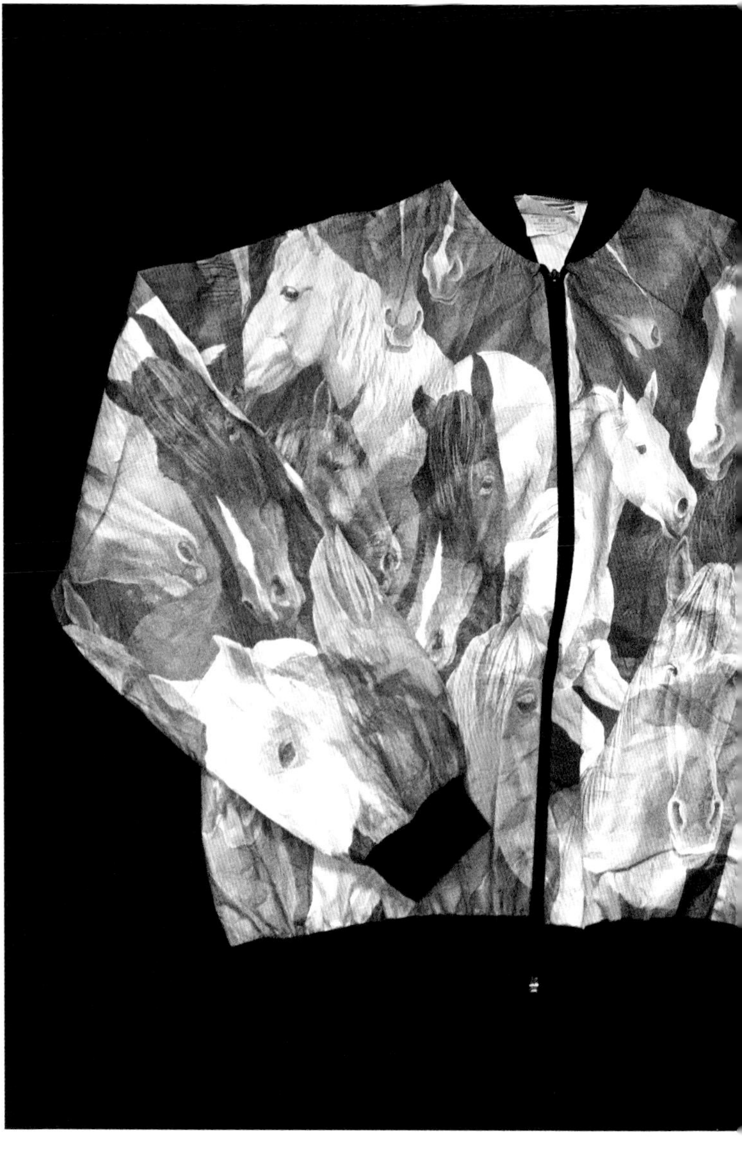

偶然見つけたってよく言うけど、
人は生物だから偶然じゃないんだろうな。
虫や鳥も偶然って思ってたらそれはそれで面白いけど。

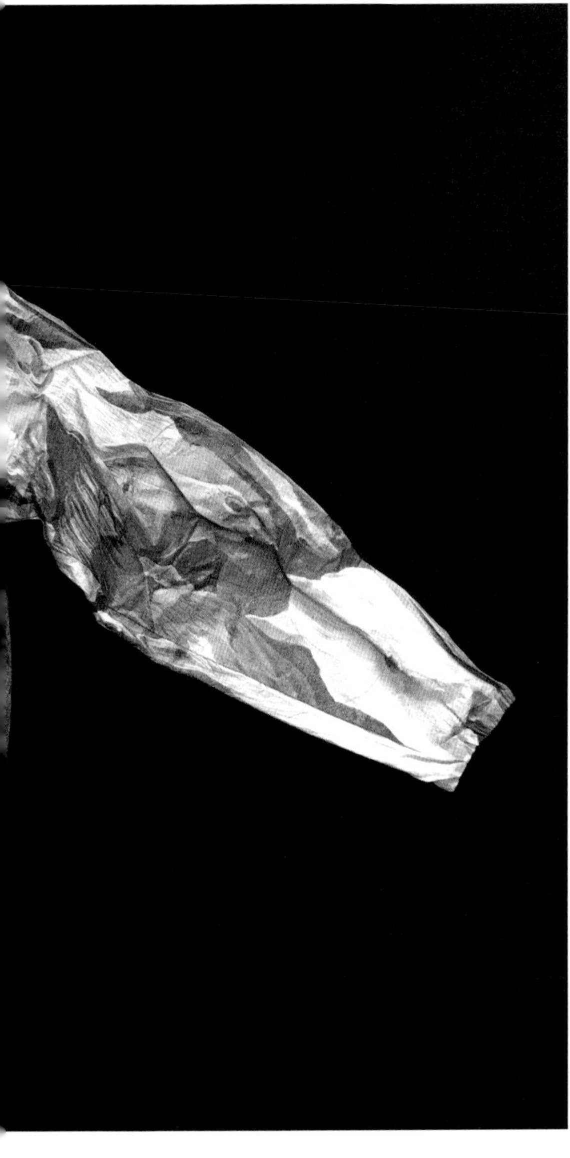

人は会いに行くとか
見に行くという行動を
起こさないと何も始まらない。
些細な事を伝え、
わかり合うのがどれほど人は必要か。
しっかり会って話をする。
人はそうやって次に進む。
わかってるつもりが多いからね～

人も物も感性も予期せぬ出会いから

自分に無かった感覚が生まれる。

ラジオから勝手に入ってくる音や会話。

街から勝手に入ってくる景色や人の声。

余計なものこそ必要なもの。

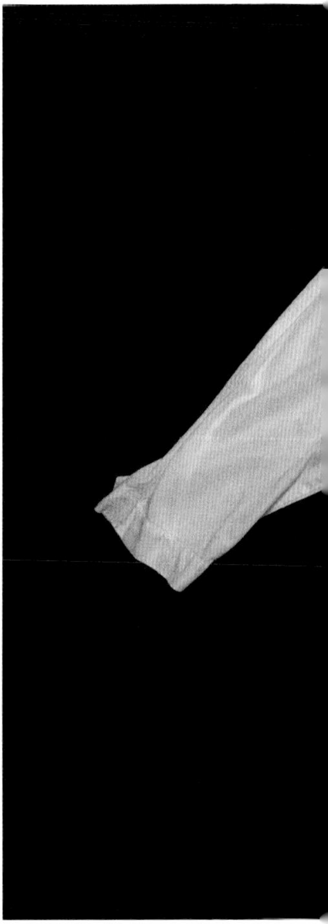

今感じる事、形にしたい事は許容力。
思考や性質の違いを受け入れる事。
見た目だけではなく、中身の多様性を受け入れる事。
受け入れる事で自身の芯にも気づく。

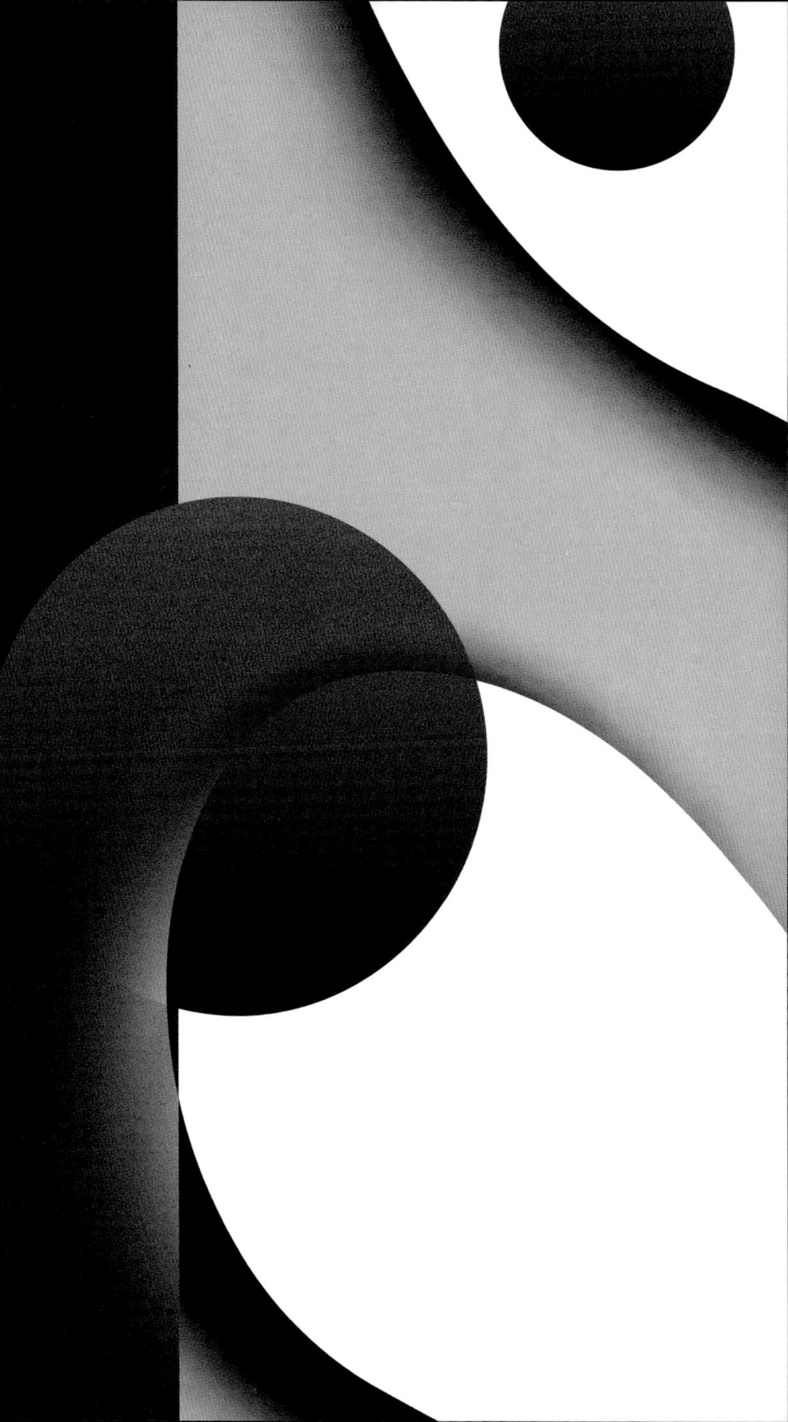

言葉はその言葉を受け取るのではなく、
どうしてその言葉が発生したかを感じる事。
それが内面の融合という事。

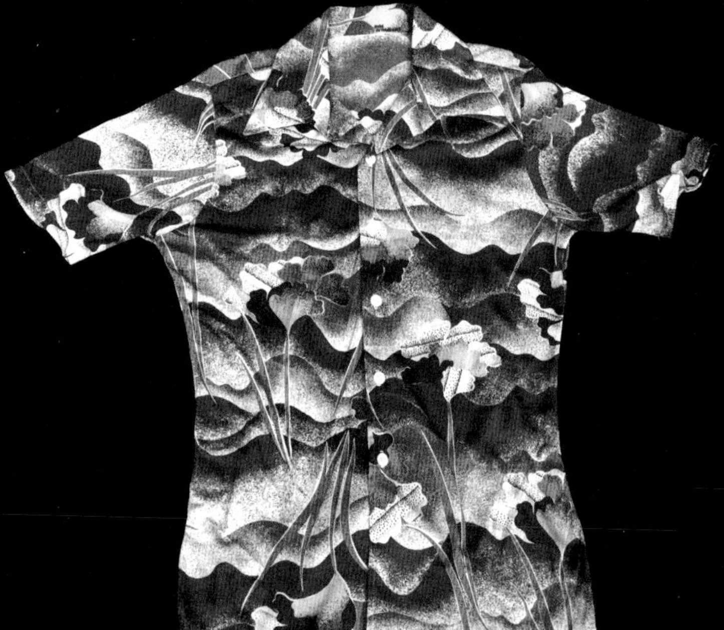

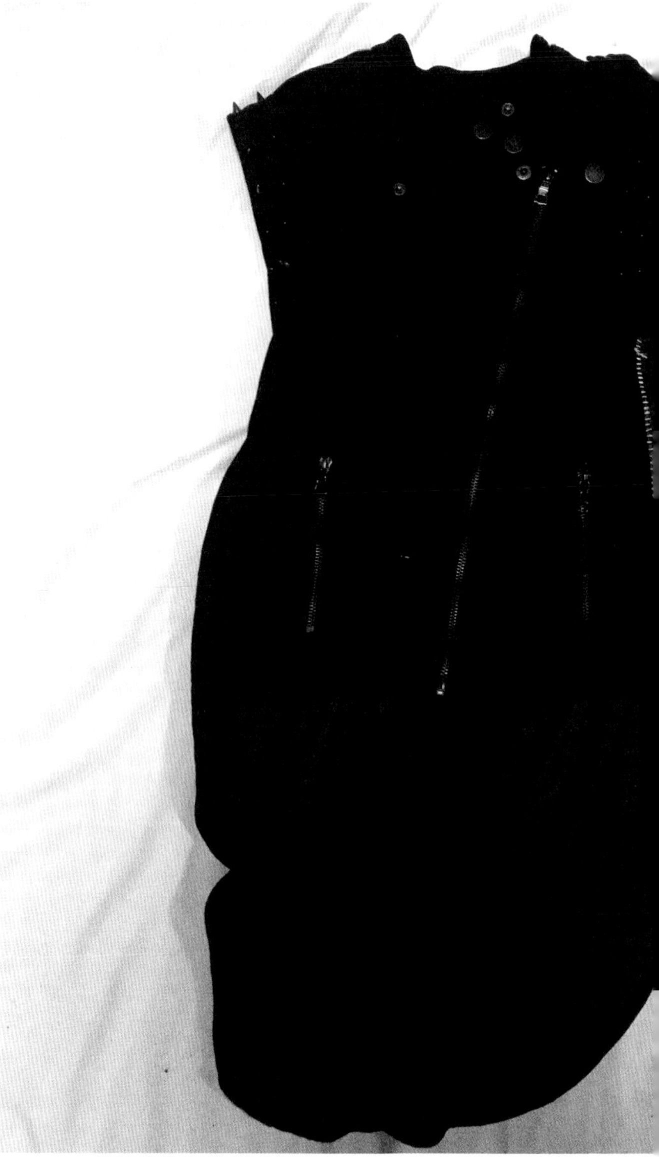

過程が大事。
答えや結果をすぐ求めるのではなく、
何かを取り入れた時の感覚が変化をもたらす。
たとえ違和感であっても、
そこに思考がある事を楽しめるようになれば、
全てに意味がある。
コーディネートもそういうものだと思うのです。

36
PARK

NIKE

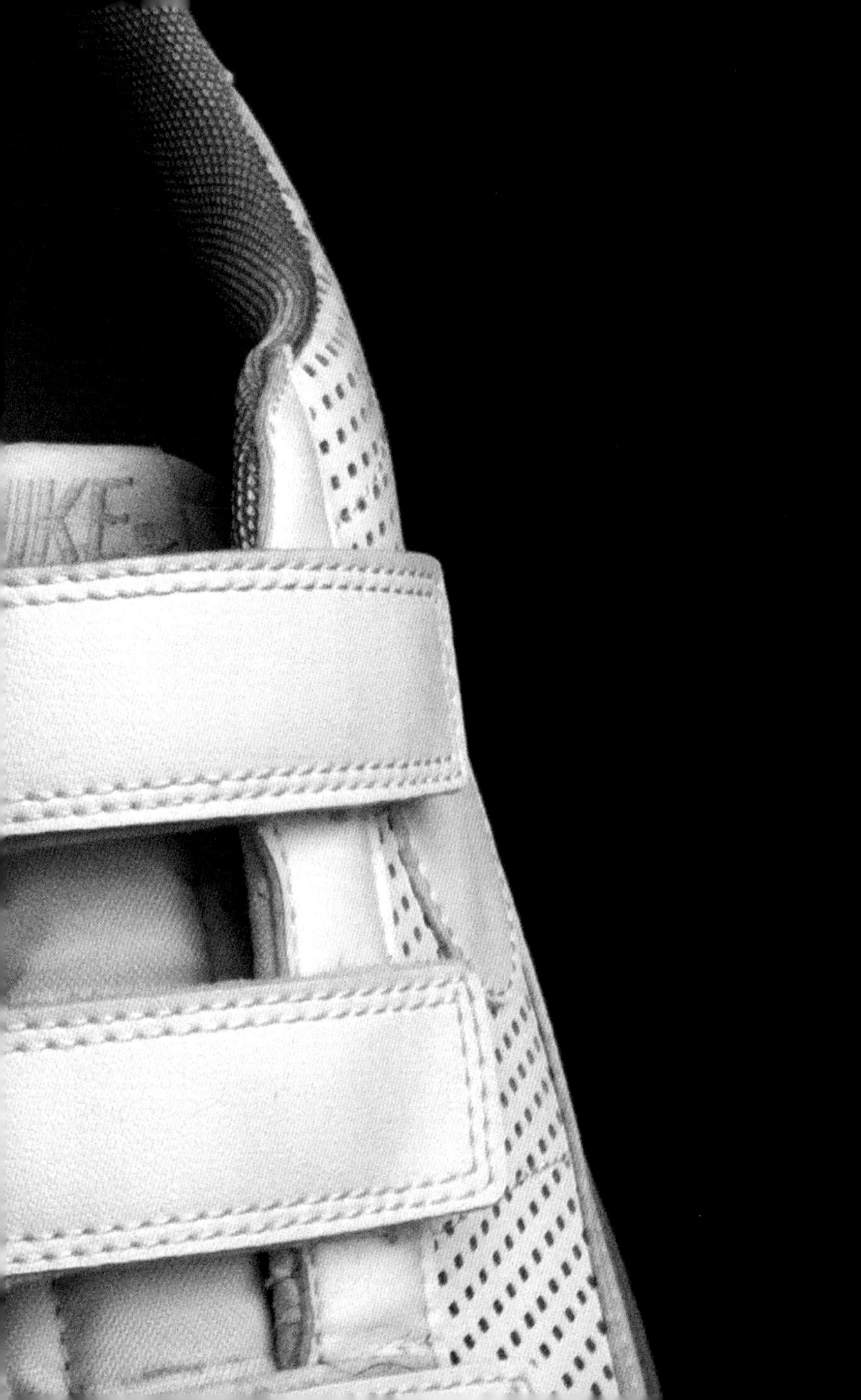

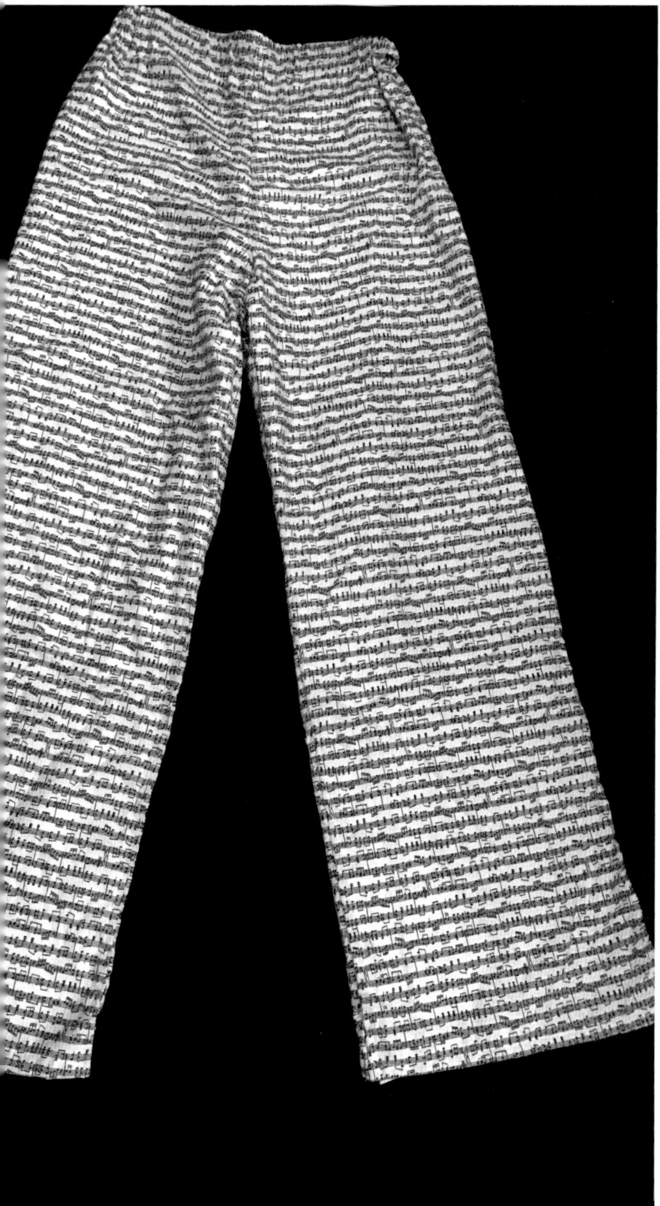

ぶつかりあって、

混ざり合って、

人も服も何もかも、

混在から調和に変わる瞬間が

一番美しい。

曖昧と思われる概念を形にするという事は
これから必ずどの分野でも求められることだと強く思うし、
オリジナリティを築くには不可欠。
そしてそれは人が感じとる事の出来る芯の部分だ。

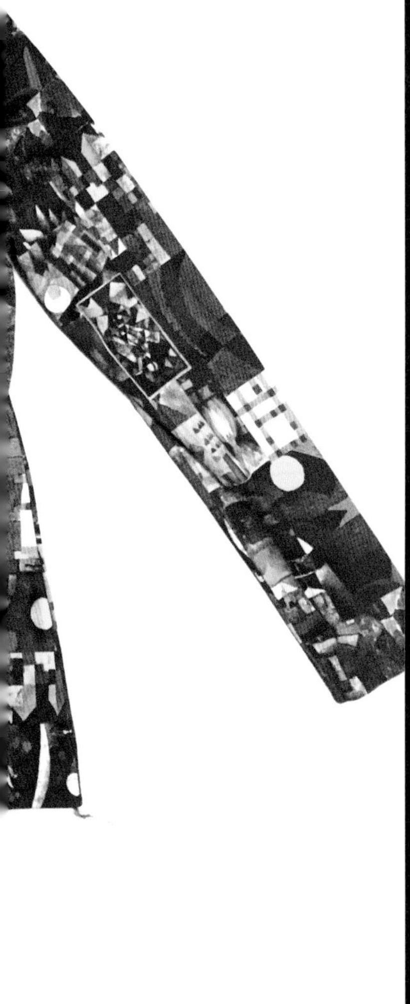

結婚しても母になっても
自分で選んだ服達は
いつまでも自分の味方。

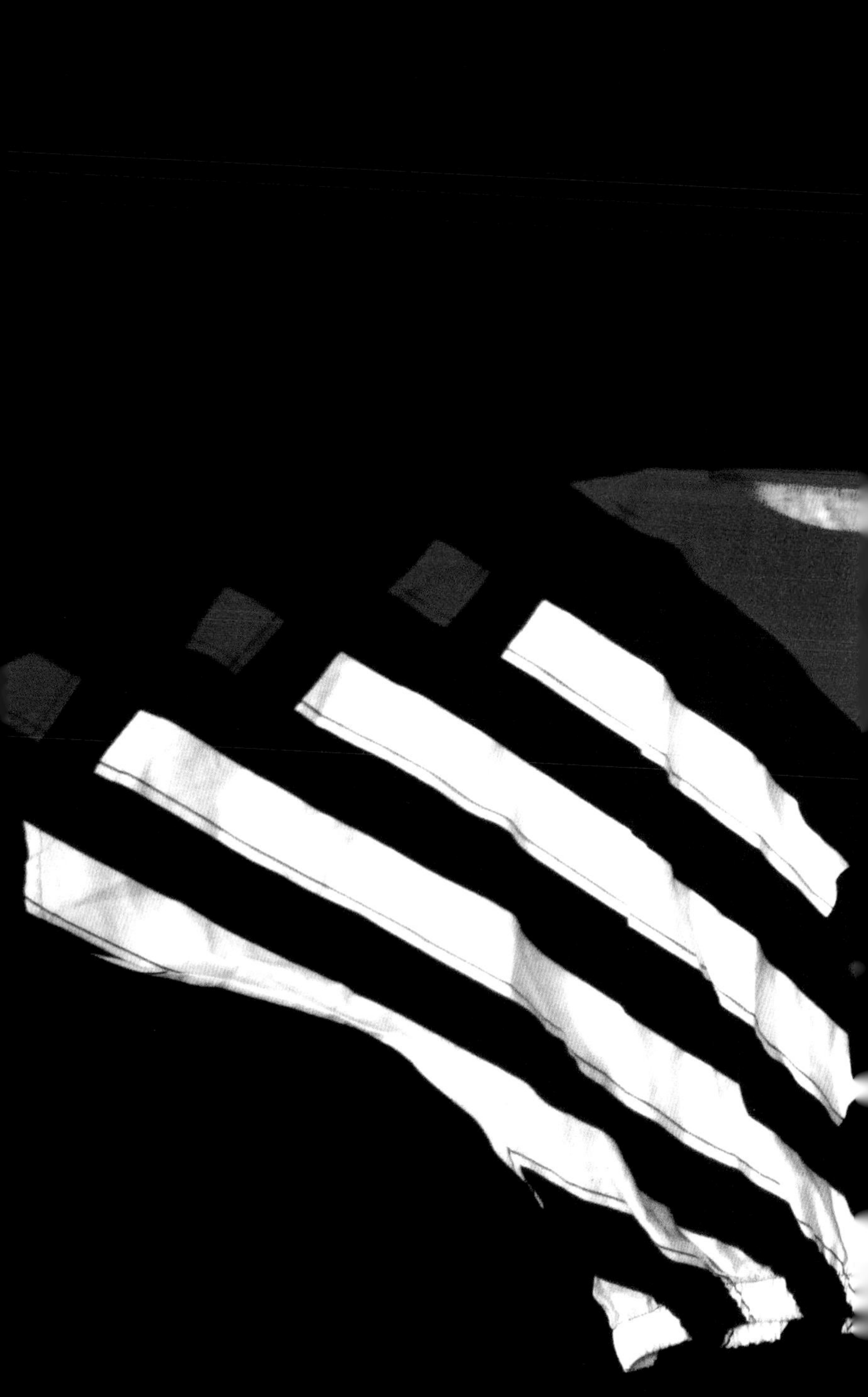

全て大人が
線引きをする。
上司っぽい言葉、
親っぽい言葉。
先生っぽい言葉。

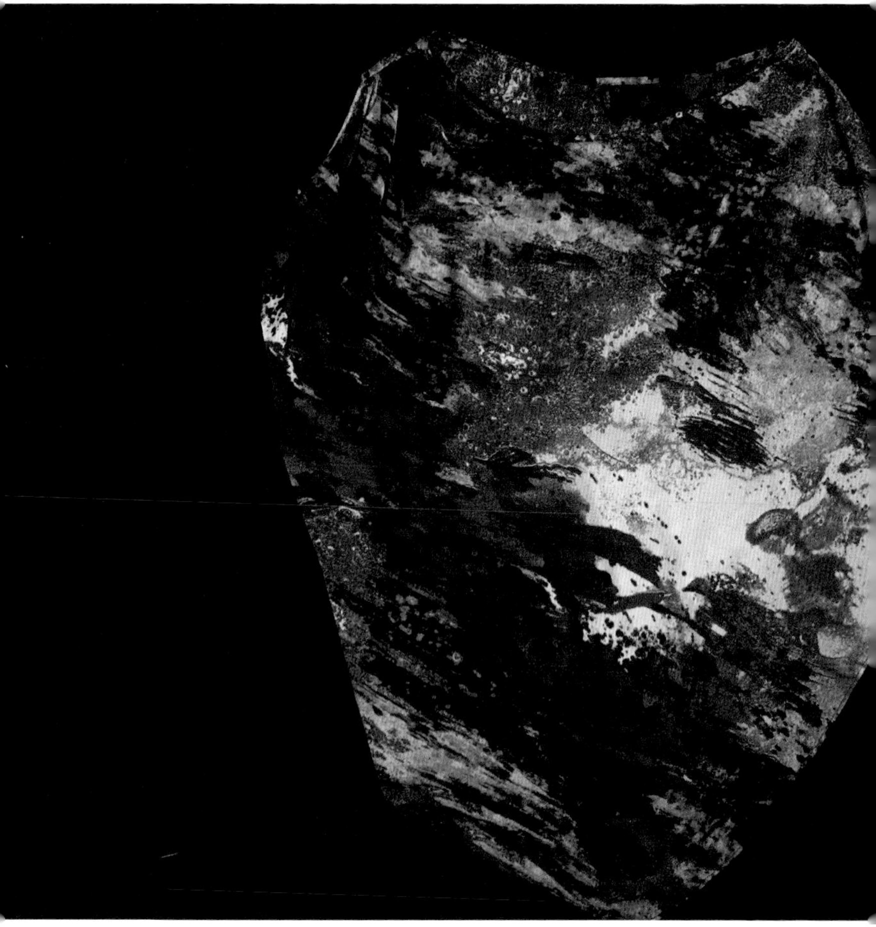

通すところは通す。
いい人になりたいわけじゃないから。

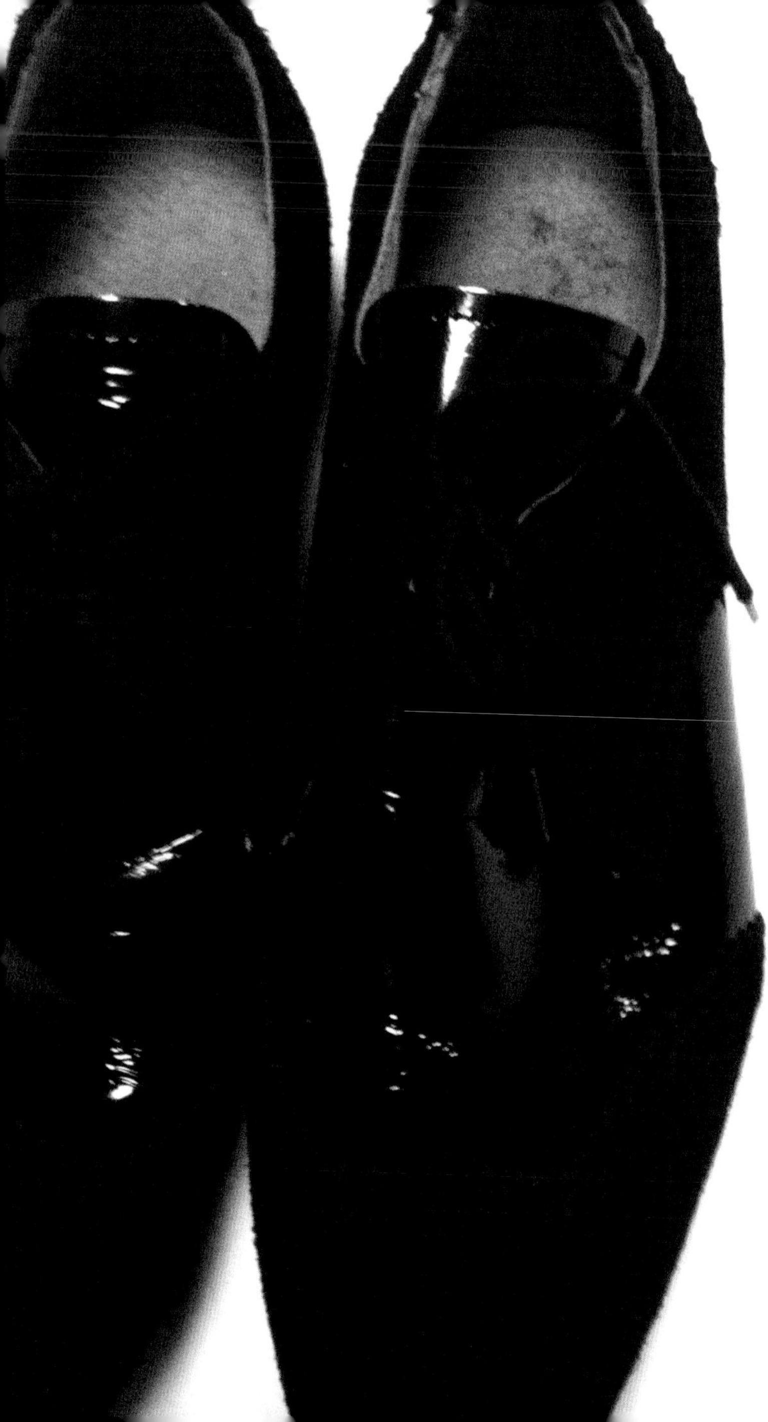

少数派に向けて、というものこそ
多数派に投げなければいけない。
多数派の中にこそ少数派が潜んでるから。

大人が大人の役割を演じなくなれば
全てが上手く行くと思う。
制服とスーツの慣習を無くせば
様々な問題は解決するんじゃないかな。

happy

私が古着にこだわるのは
一切の商業的戦略の枠外にいるからです。
なので、自らそこに染まるのは違うと思うのです。

本当に年齢は関係ない。
ただ周りに何て思われようがいいとい

勇気は必要だ。

「個性的なファッション＝目立つ事」
だと勘違いしてる場合が多い。

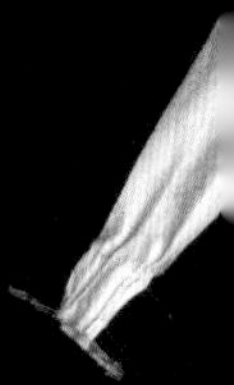

周りのせいにするのではなく

全て自分事にすれば出来る事は山ほどある。

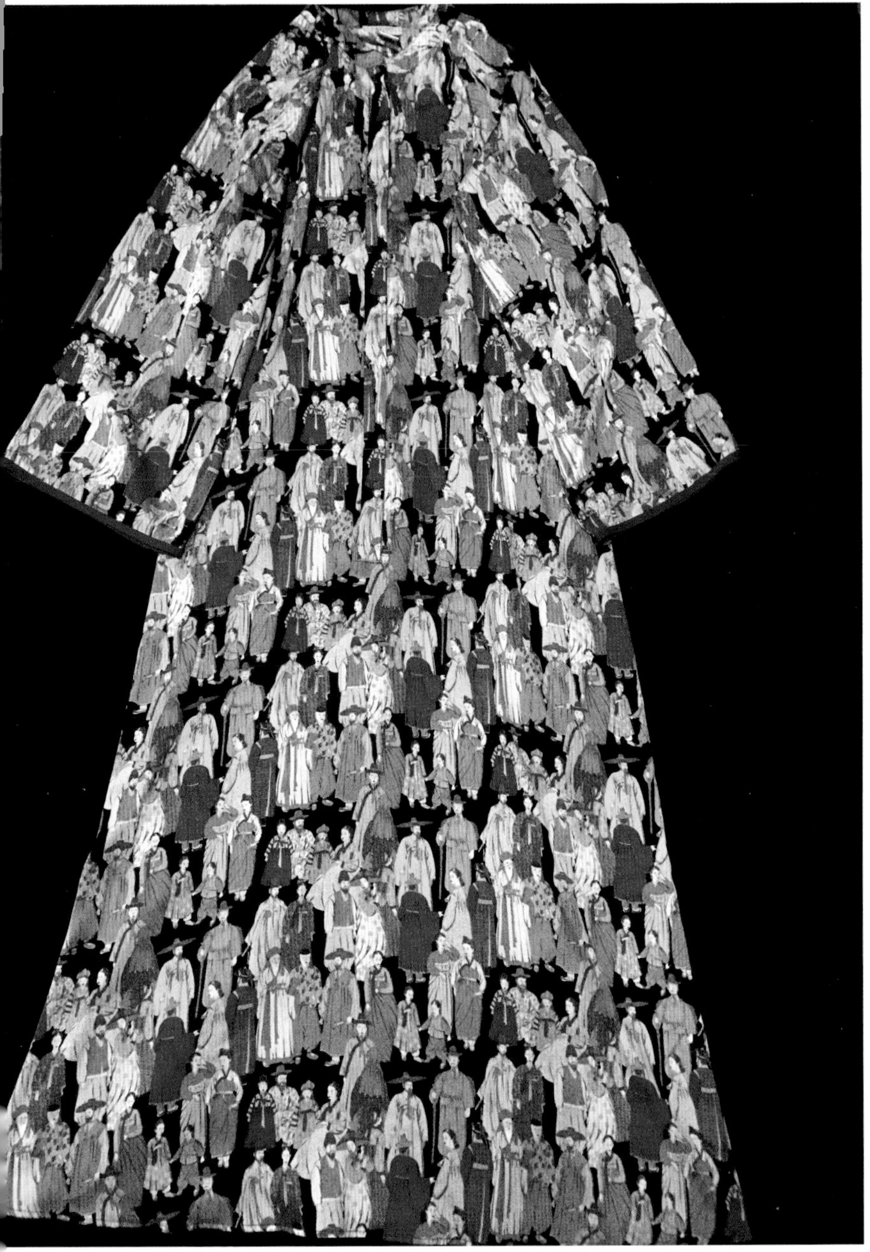

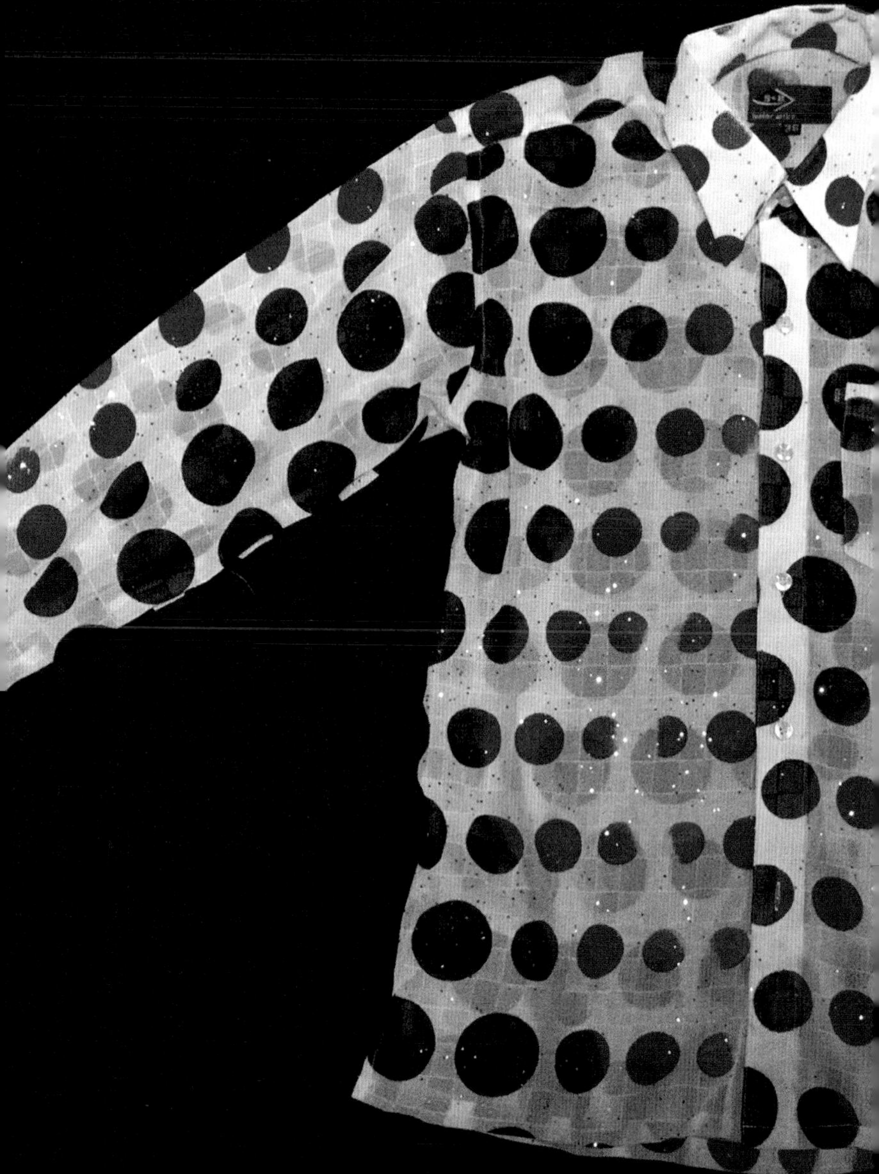

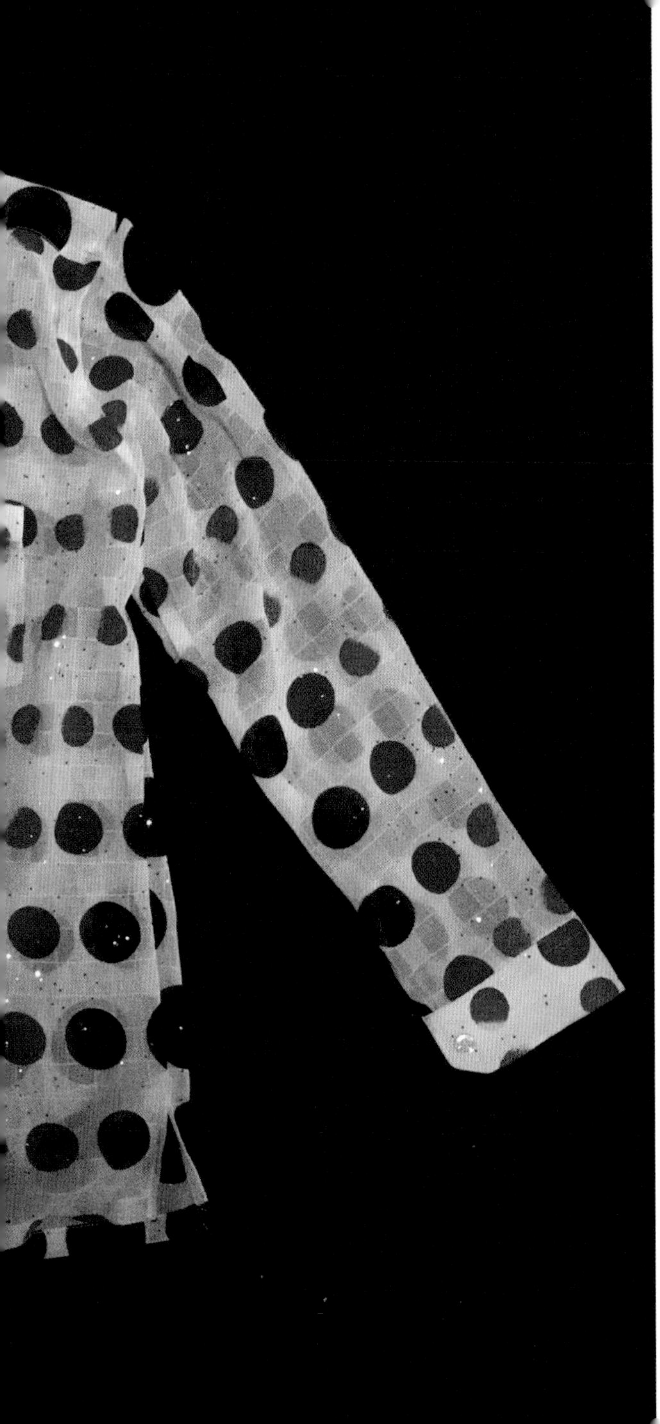

服は合法的に脳内覚醒を引き起こす事が出来ます。

自分の場所は自分で作るものだと思う。

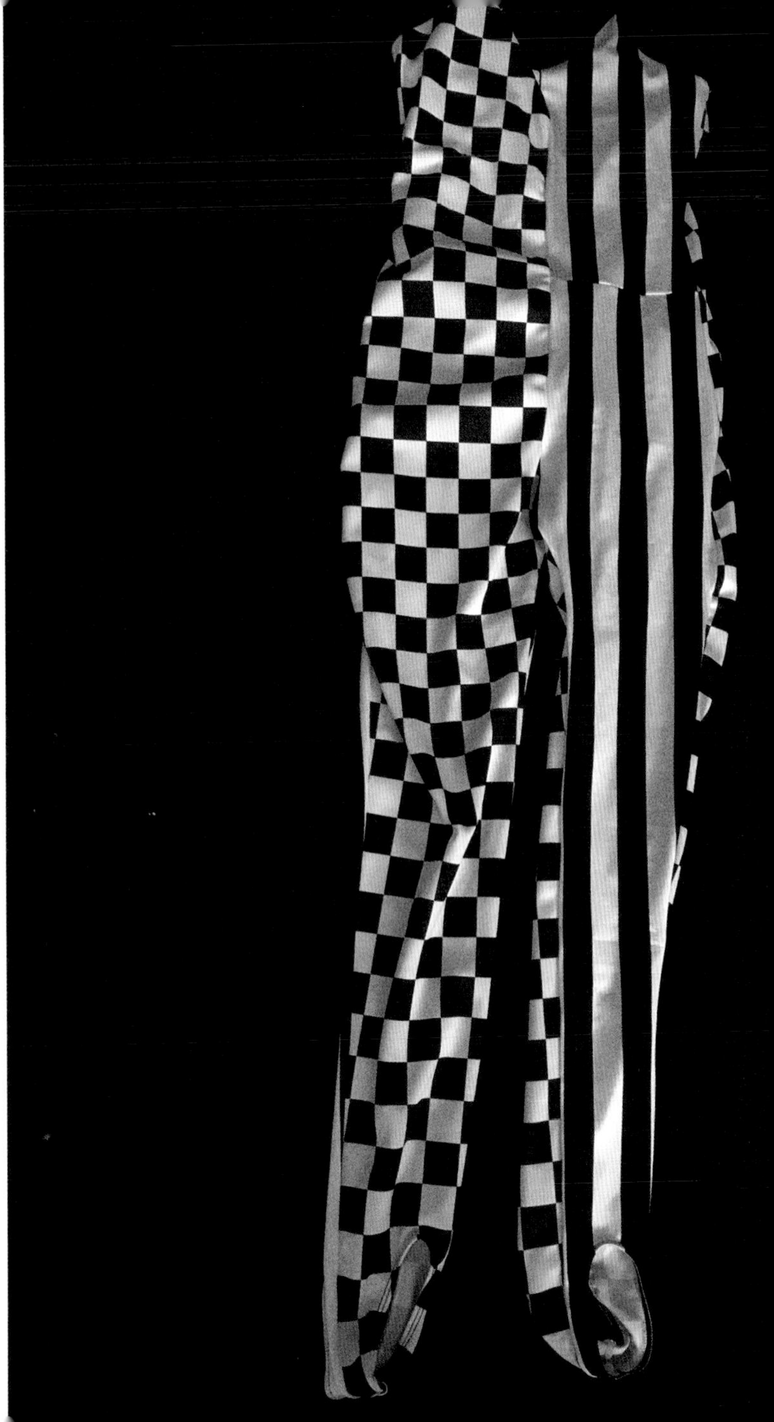

古着であろうが何であろうが、
伝えたい事をしっかり伝えるには
育てていかないといけないファッションがある。
古着というアイテムで捉えてほしくないな。

掘り出しもの、という言葉は本来自分だけの価値。

FRENCH SHRINER
FRENCH SHRINER

人が着ている無数の先入観。
一枚ずつ脱ぎ捨てていくための服。

ファッションはハプニング。
ファッションは行為。
ファッションは風。
ファッションはオリジナリティであり、それを行動する勇気。
ファッションは日々変わっていく。
ファッションは答えのない面白さ。

服は楽しむものであっていい。
服は何よりも強いメッセージ。
服がその人の一部。
服は答えを出すものではなく対話するもの。
服は服として見ない方が面白くなる。
服は感情。

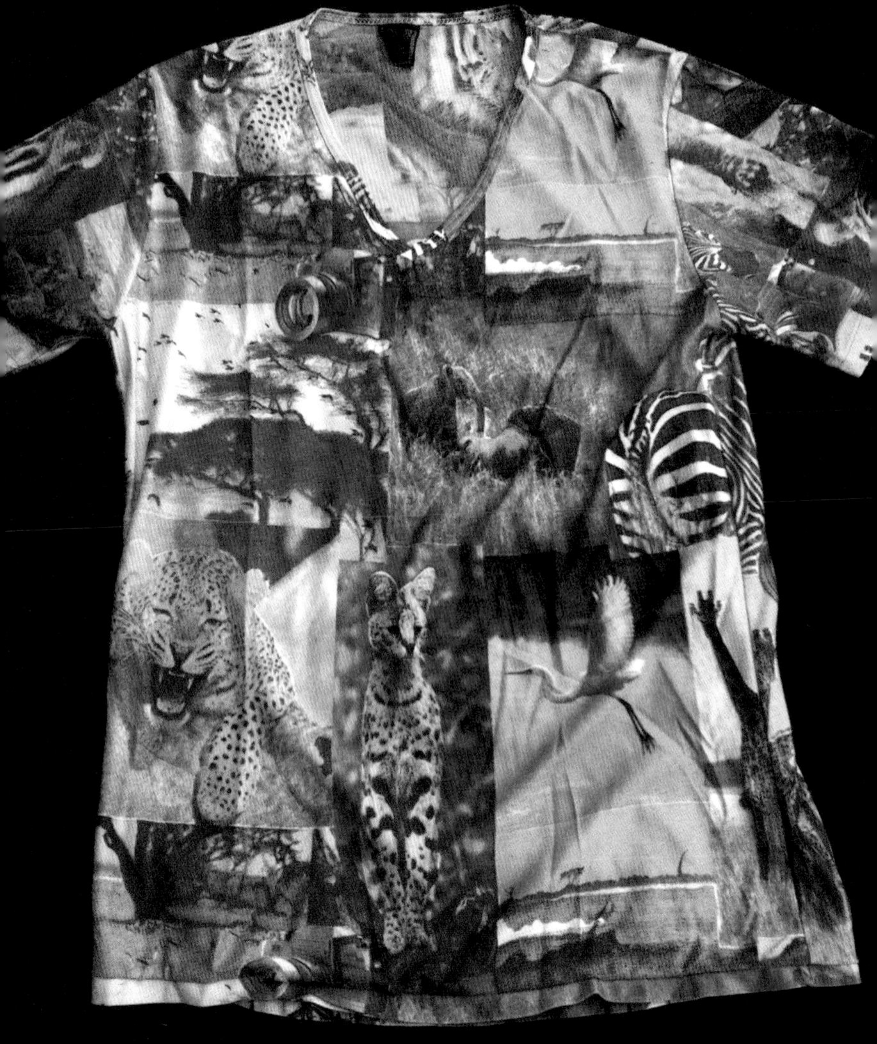

違うものを受けいれるというより、
もとから違うのです。

クレージーな服があるって聞いてきました、
っていう学生からの力強い言葉。
嬉しいぞ、変態口こみ力！

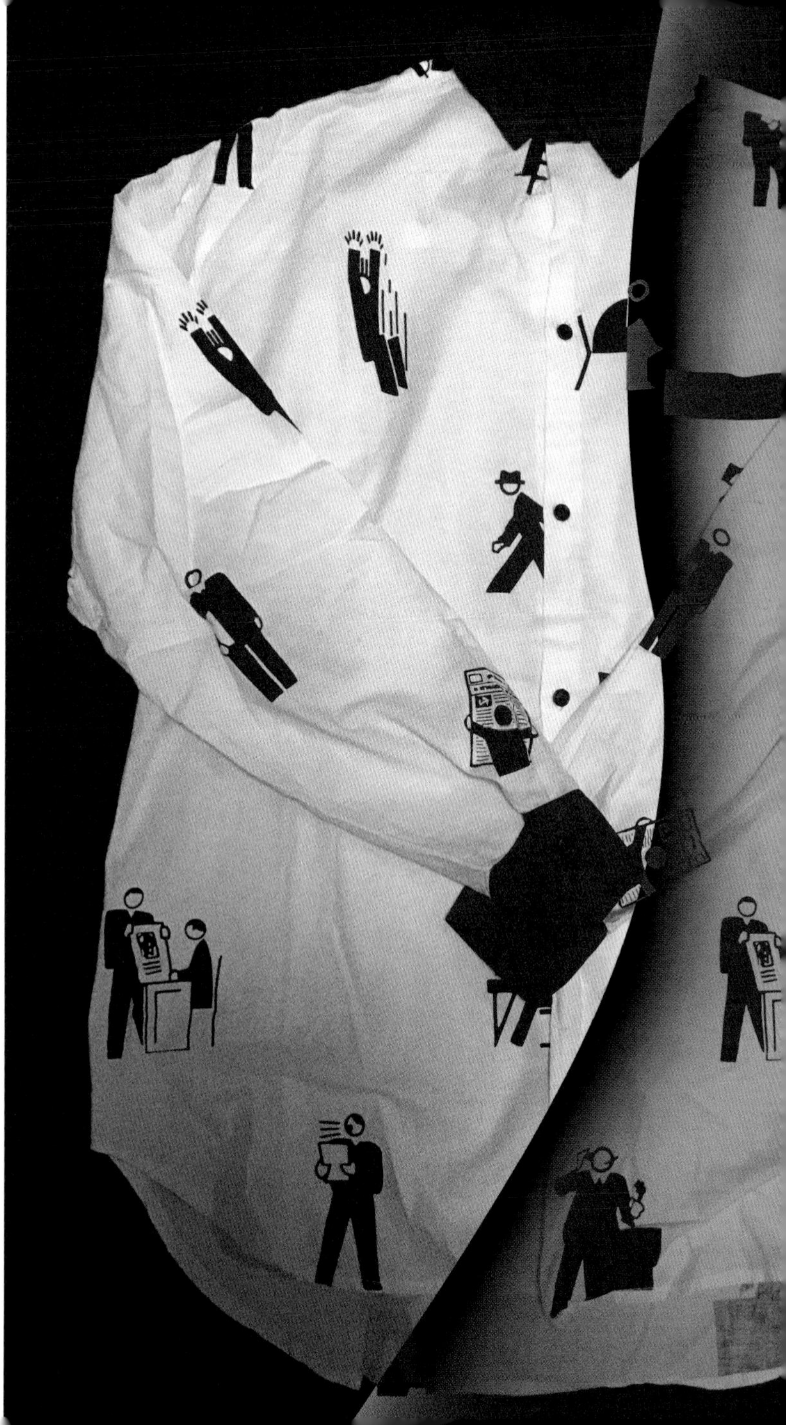

仕入れは服の集団から
仲間はずれを見つけ出す感覚。
放つ光を見落とさないように。

沢山の NO を言って来た後に
真の YES は見えてくる。

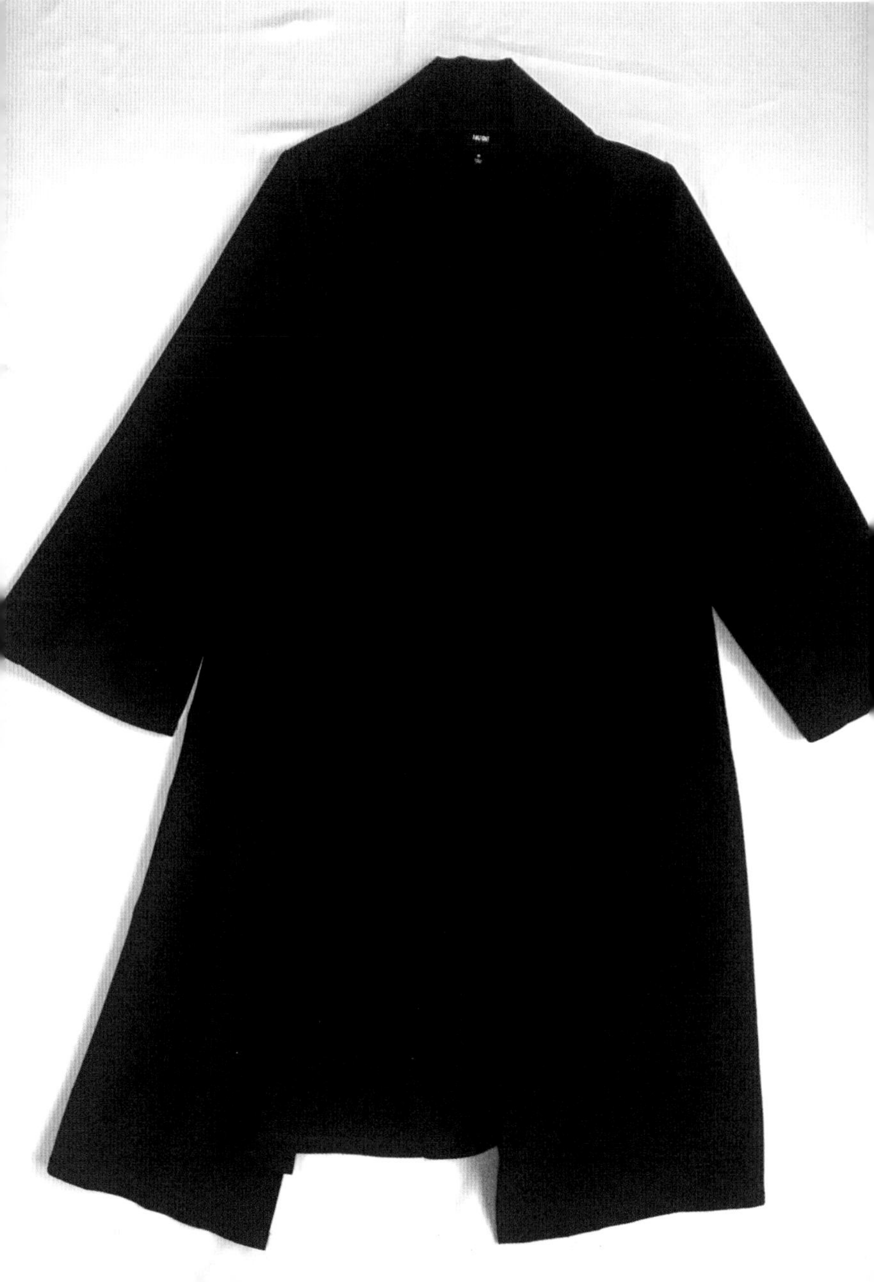

失恋したから服を買う。
転職するから服を買う。
すごくいいと思う。

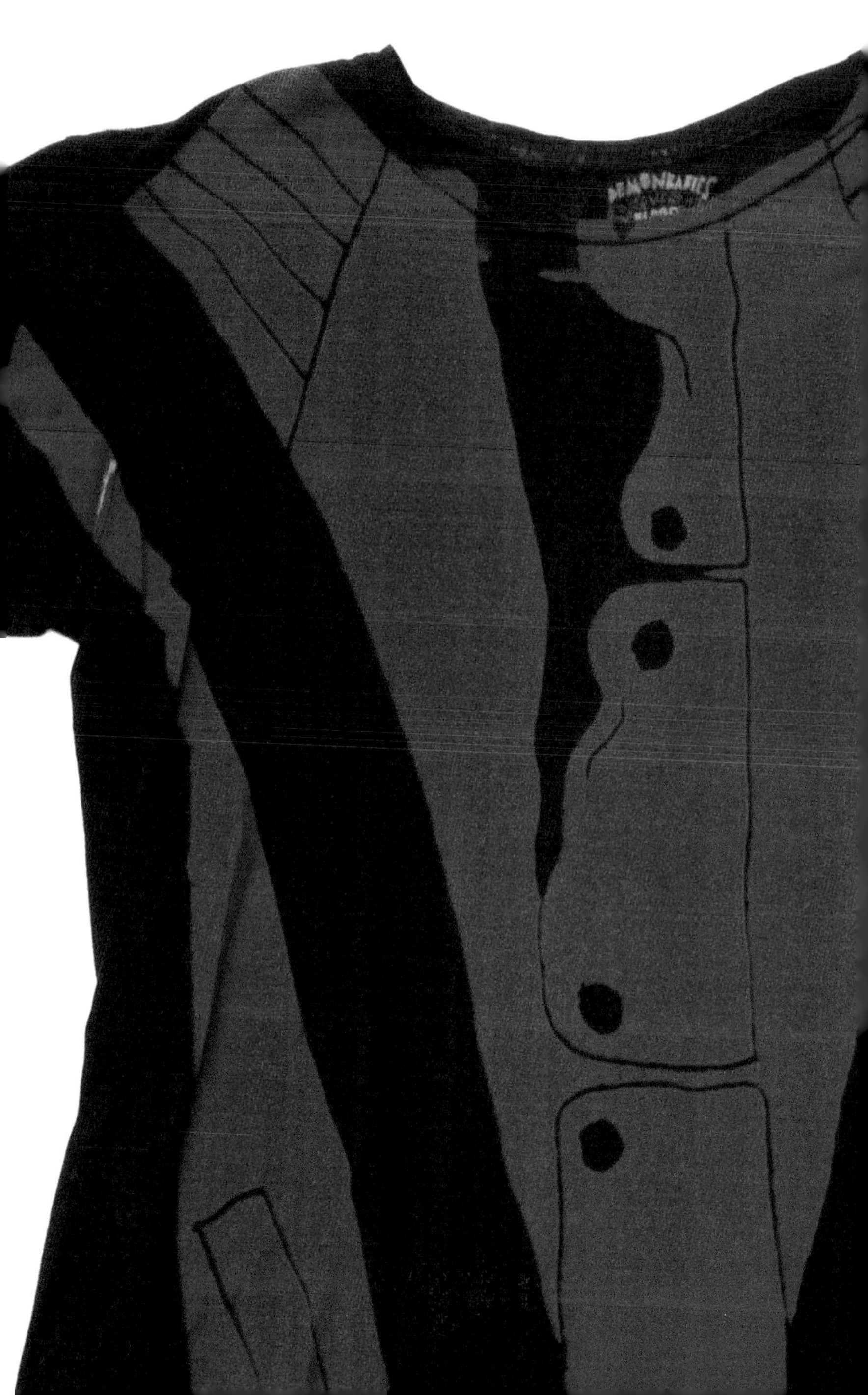

季節を飛び越えて、
季節も関係なく、
何か面白さのある服。
もう服は気候に惑わされず、
着る時期に惑わされず
自分を楽しくするもの。
そして周りにもそれを伝えるもの。

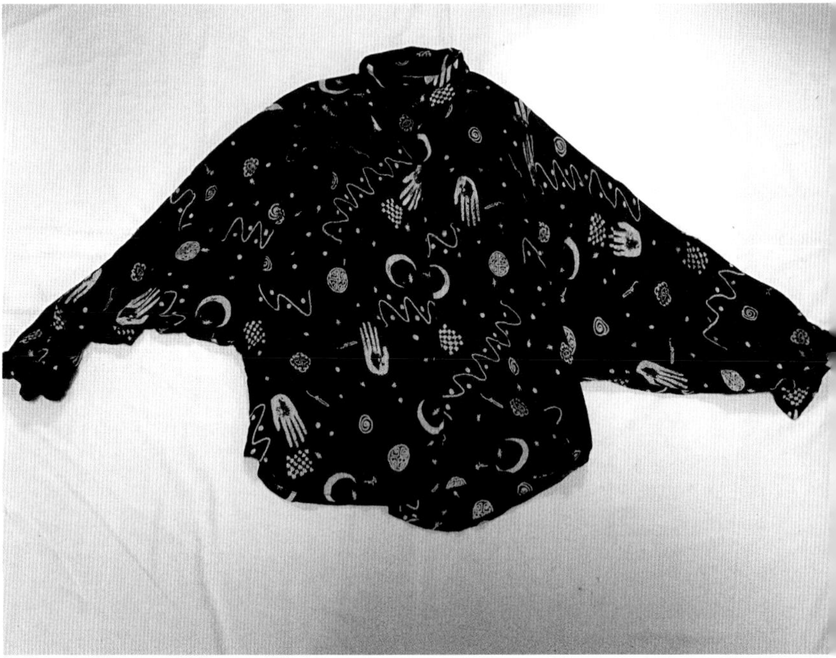

仕入れは究極の選択。

選ぶ理由は自分で決める。

だから博打。その瞬間はすごく疲れる。

80年代からこの仕事をしてるわけだから

その頃に比べてヴィンテージが少ないのは当たり前。

毎回全く違う。自分を新しくしないと過去にとらわれる。

過去にとらわれた瞬間進めなくなる。

今でも毎回自分との戦いだ。

これは毎日の生活の中での選択に通じるものとなり

自分を作るものとなる。

こんなに考えて何になる、と思う事もある

でもずっと無理難題を突きつけてくれるこの地が好きだ

持って帰る荷物、

手測りで見事に全て50パウンドに出来るのはプロの技だと思う。

ここにしか役立たないけど笑

今から帰ります。

大好きな人だって自分とは違う人。
ちゃんと違いを出し合わないと。

誰でも便利に使える
定型文のような服ではなく、
衝動的に発してしまう
自分だけの言葉のような服です。

好きにさせてくれるって人にとって
本当に必要な事。
それくらい世間は不自由。

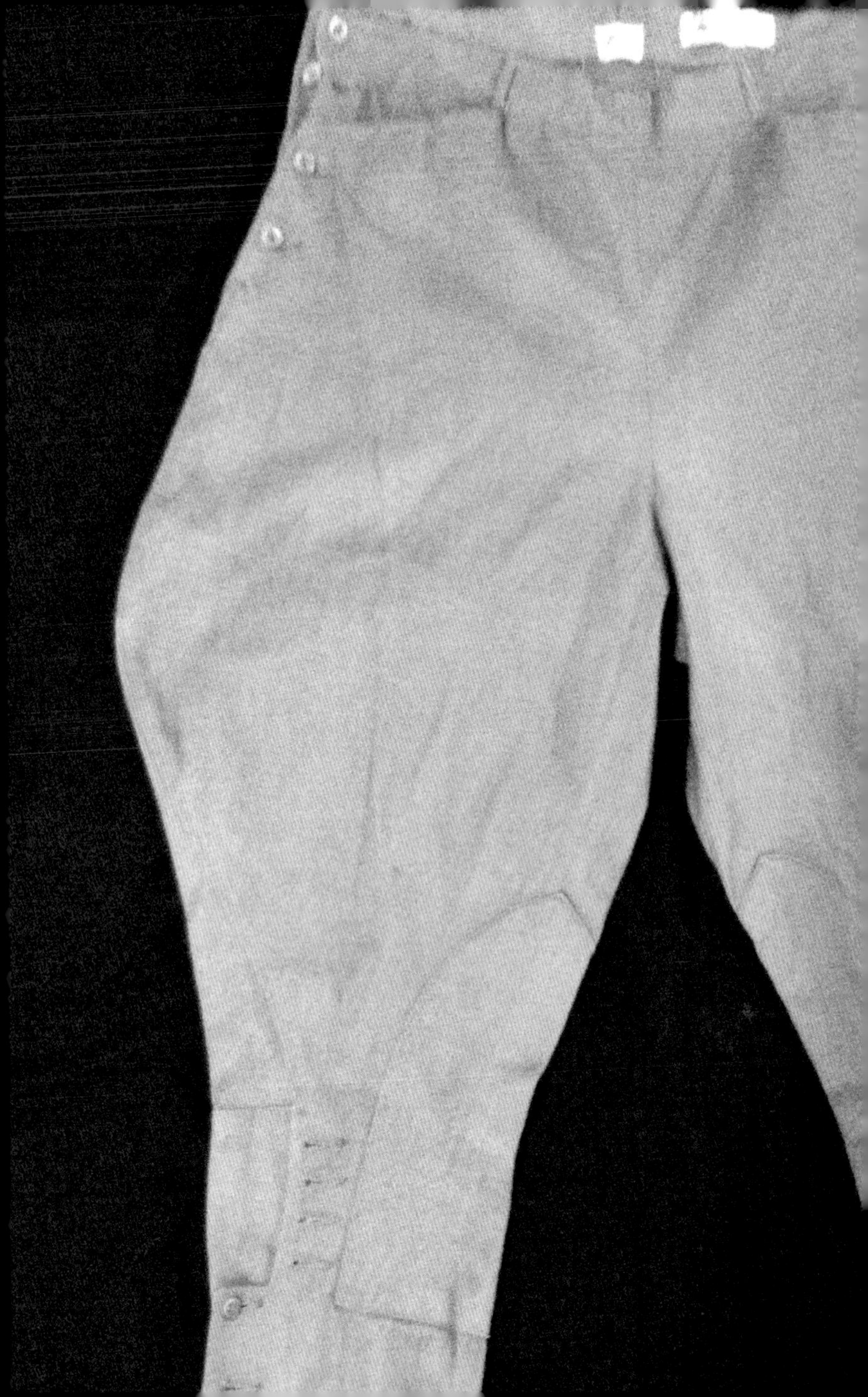

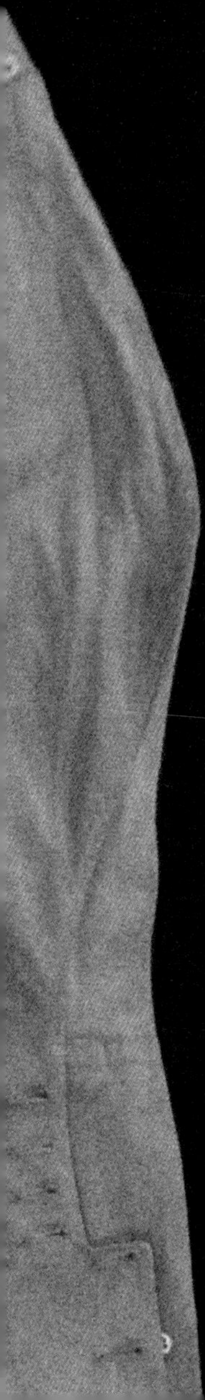

巷で売ってる服を見ると
オフィスカジュアルな感じが多い。
会社にも着ていけそう、に合わせにかかってる。
私服なのにどこか制服っぽい。
作り手がそういう読み方をするから面白くないって言われる。

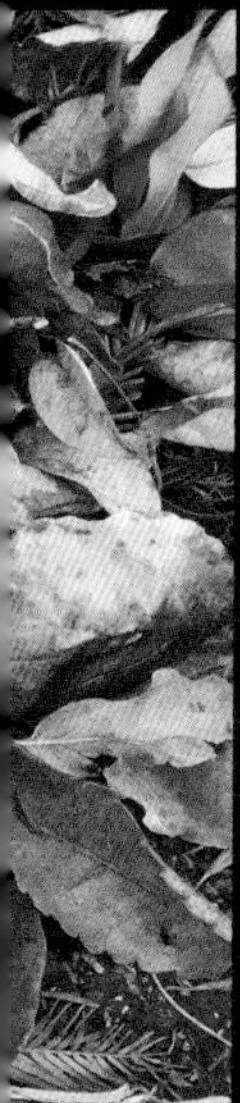

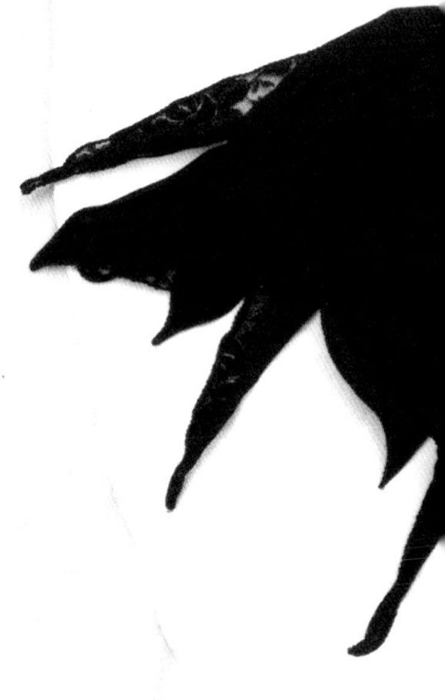

仲間は思っているより沢山います。
#突撃洋服店
#totsugekiyofukuten
着方が生き方
#vintagefashion

NEW YORK
MPIRE ST BUILDING
BROOKLYN NYC
ATE BUILDING MANHA AN SOHO
6E62
ONE WAY
TIMES SQUARE
OADWAY
GEORGE ABBOTT WAY
BROOKLYN NYC TIME SQUARE
MANHATTAN
NEW YORK
E STATE BUILDING
WALL ST
TE BUILDING MANHATTAN SOHO
6E62
ONE WAY
TIMES SQUARE
OADWAY
GEORGE ABBOTT WAY
NO STOPPING ANYTIME
BROOKLYN NYC TIME SQUAR

突撃洋服店とは

いつの時代にも通用するモードを提案します。

1985年以来、その時におもしろいと感じるものを、

時代・ジャンル・カテゴリーに関係なく、

独自の価値観で集めています。

突撃洋服店ならではの、他では類を見ない商品の幅から、

どんな方でも必ず何かが見つかるはずです。

あとがき

本はすごい。
何と言っても知らない人に届ける事が出来る。
そして、いつかどこかで出会った人にも見てもらえるかもしれない。
服など興味も無い人の目にたまたま止まるかもしれない。

出版が決まった直後はその実感がまだ湧かず、
古着屋しかしてこなかった私、
学も無い私が本を出させてもらえる事の奇跡に自分自身が付いて行けず、
気持ちだけ高揚しふわふわしていた。

売れてしまったら二度と会えない古着達だから写真を残そうとし、
記録的に撮る事で自分の基準を確認してきた。
それでも仕入れの際一枚一枚向き合う中で、
見つける楽しさと選ぶ苦しさが交互に押し寄せ、
自分の基準も崩れそうになりながら溢れてきた言葉達。
そんな生々しいものが１冊になりました。

一旦価値を失ったものに価値を見出す作業は自分自身に意味や価値を付けて行く事。
私は古着一枚一枚に人格を見出し、その可能性を拡げる事に力を注ごうとしている。
最早、服であって服でない。
“古着”でも“服”でもなく“古着表現”。
そして“古着表現”は人の可能性を拡げる事ができる。
可能性というのは行動だけではなく、色々な自分に出会える事。
人の可能性は計り知れない。
重要な事は、それぞれが自分の可能性は計り知れないと思えるかどうかだ。
初めての自分に出会う事で見える色が変わる。
この本を手にとってくれた人が、新しい自分との出会いを楽しんでくれたらうれしい。

本は私の新しい道であり、表現。
これからも表現を続けるつもりだ。

古着表現作家
安田美仁子

安田美仁子（やすだ みにこ）

渋谷生まれ、神戸育ち。横浜在住。

1985年より「突撃洋服店」を開始。

買い付けから店舗のディレクションまで一貫して行い、現在は神戸と渋谷に店舗を展開。

近年は映画やドラマ、アーティストへの衣装提供も行い、

百貨店でのPOPUPや様々な場所でのファッションショーなど、

古着を通して新たな価値観や可能性を生み出す展開を行っている。

これまでの活動

2013.2 「服を着るという肉体表現」（ファッションショー）

2013.11「個のありかた」（ファッションショー）

2015.3 「挑発」（ゲリラファッションショー）

2017.5 「安田美仁子の頭の中」（企画展）

2018.1 「着方が、生き方。」（百貨店POPUP）

古着は、対話する。
著者：安田美仁子（突撃洋服店）

アートディレクション＆デザイン：大井祝斉（buffalo-D）
コンセプトデザイン・編集：村木智洋
編集協力：山田海、布村喜和（ほむらよしかず）
企画・編集：山中亮太（Gambit）

スペシャルサンクス：
Hiroki Oe、タカギトオル、嶋田聡史、Hitomi Haga、未奈、イシヅカユウ、
太田将野、奥村元春、Hironori Fukuzumi

協力：ハルマタカミツ、上野恒太、武田美香子、二階堂はな（突撃洋服店）

2020年4月30日　第1刷発行

発行人：宮田昌広
発行所：株式会社ギャンビット
〒104-0045
東京都中央区築地1-9-5　一九堂ビル
電話：03-3547-6665（営業時間 / 土日祝を除く 12:00 ～ 16:00）

印刷・製本：シナノ印刷株式会社
ISBN：978-4-907462-46-8